知的生きかた文庫

「勝負強い人間」になる52ヶ条

桜井章一

三笠書房

プロローグ　私が20年間無敗だった理由

強い人間とは何か——。
どうすれば強くなれるのか——。
勝負とは何か——。

私の人生は、結局、それを問い続け、追い求め、実践しようとしてきたことに尽きる。

私はひょんなことから、麻雀の裏プロの世界に足を踏み入れたのだが、そこで20年間、勝ち続けたのは、もちろん運がよかったということもある。

若い頃は「勝つ」ことにこだわりを持っていたが、そのうち「勝つ」とか「負ける」とかいうことはどうでもよくなった。

敗者をつくらざるを得ない勝負の本質がわかってしまったからだ。

それからは「勝つ」ことでなく、勝敗を超えた本当の「強さ」を求めるようになった。

そんな勝負人生を、今こうして振り返ってみると、「なぜ、自分は結果として勝ち続けることができたのか」ということの答えがいくつかわかるようになってきた。

そして、「どうすれば強くなれるのか」「勝負とは何か」ということについて、なにがしか私の話を聞いてみたいという人たちが現れはじめた。

もし、今の時代が混迷の中にあって、人々が立ち止まっているのだとすれば、私が勝負の世界で培ってきたことが少しは役に立つかもしれない。そう考えて筆をとった。

というのも、このところ私には、ずっと素朴な疑問として感じていたことがひとつあるのだ。

それは、最近、よく耳にする「今、日本人は自信をなくして方向性を見つけられずにいる」というような話についてである。

「今、方向性が見つからない」と言うならば、いったい、「それ以前」はどうだったのだろう？

ある企業の経営者と話をしていたら、彼がこんなことを言い出した。

「日本の経済が好調だったときは、目標とするべき存在がいたんです。身近なところにも、目標とするべき師匠なり先輩なりがいた。ところが、今はそれがどこにもいないから、ますます日本人は不安になっているんじゃないでしょうか」

なるほど、たしかにそういう状態なのかもしれない。

しかし、よく考えてみれば、これは不思議な話ではないか。

今まで日本がよかったときには、目標とする存在や指針を示してくれる人がいたと言う。ところが、日本が悪くなってきたら、その人たちがいなくなってしまったと言う。これはおかしな話ではないか。

悪くなったからといって、急にいなくなってしまうなんてどういうことだろう。いったい、今まで「いた」人たちは、どこへ行ってしまったのか。

私はその経営者と、そうした素朴な疑問について問答を重ねた。

すると、彼は、ハッと気がついたように言った。

「ということは、今まで私たちが『いた』と思っていた存在は、実は幻想だったんだろうか」

彼が気づいたように、今まで「いた」はずのものがいなくなってしまったのではなく、「いた」と思っていたのは幻にすぎなかったのだ。幻だったのは、本物の存在ではなかったからだ。そのことに、今、気づくべきなのだ。

これまで右肩上がりの経済の中で、あたかも先頭集団のように振る舞っていた経済人や政治家や知識人といった人々が言ってきたことも幻想でしかなかったのである。

簡単な勝負論で言えば、高度成長やバブル景気というのは、誰でも勝てる時代なのだ。クジ引きにたとえれば、10本のうち当たりクジが8本も入っているような時代だった。

そんなクジならば、誰だって当てられる。経済予測だろうが経営判断だろうが、誰が言っても当たるし、誰が勝負しても勝てる時代だったのだ。

ところが、今や10本のうち1本か2本しか当たりクジがない時代になった。

これではいくら頭を使っても情報を集めても当たらない。

こうなると、一生懸命に考えてクジを引くヤツよりも、勘だけで引くヤツのほうがポンと当ててしまうのである。

「ということは、これからの時代、考えたり情報を集めたりするヤツよりも、勘が鋭いヤツのほうが勝てるということですよね。勘を鍛える方法って何かあるんですか」

そう聞かれることがよくある。

結論から言えば、その方法はある。

感性を鍛えればいいのである。

これは何も特別な才能を必要とする話ではない。人間が自然の中で生きていくうえで育んできたはずの本来的な感性を大切にすればいいだけのことだ。

ところが、現代社会は人間の感性を奪う要素に満ちあふれている。

これまでの日本は、考えることや情報収集することを重視してきた。

教育現場では「よく考えなさい」と教え、実社会では「情報戦争に遅れをとるな」と喧伝《けんでん》してきた。

その結果、人間の感性はどんどん退化してしまった。

考えることを偏重する知識過剰社会、高度情報化社会の渦に巻き込まれているうちに、人間の本来的な感性をすっかり失ってしまったのだ。

この他にも、生活を便利にする「経済的豊かさ」をはじめ、今の世の中には「人間が弱くなるための要素」が無数にある。

つまり、そうしたことをできる限り排除していけば強くなれるし、勝つこともできるのだ。

言ってみれば、私が20年間無敗だったというのは、こうした「強くなるための要素」をひとつひとつ積み重ねた結果なのだ。

そして、私はそのすべてを本書で明かしたつもりである。

桜井章一

目次

第一章

真に強くなるために、やらなければならないこと

——ムダな動作や思考は必要ない

第二章

勝ち続ける人は〝ここ〟が違う

——スランプ、プレッシャーを味方につけよ

第三章

究極の「勝負強さ」をめざして

――ホンモノの強さはこうして生まれる

編集協力／高木真明
本文ＤＴＰ／株式会社ＳｕｎＦｕｅｒｚａ

第一章

真に強くなるために、やらなければならないこと

――ムダな動作や思考は必要ない

0コンマ何秒の世界で物事をとらえる

麻雀は、ムダな動作や思考が出てくれば出てくるほど負ける。
強い人ほど瞬時に気づき、瞬時に判断することができる。
瞬時に判断するためには、思考よりも感性が大切だ。
しかし、弱い人ほど、あれこれと思考し、感性で麻雀を打つことができない。
一般的に麻雀は「数合わせ」のゲームだと思われている。
けれども私は、牌《はい》に書いてあるのは「文字」ではなく「絵」だと認識している。
だから、感性で麻雀が打てる。
数字合わせだと思って麻雀を打つと、人はどうしても考えて立ち止まってしまう。

数に執着してしまうのである。

麻雀全体を絵としてとらえることができれば、まったく考え込むこともなく瞬時に判断することもできるようになる。

私は学生時代、はじめて麻雀牌を見たとき、「なんてきれいな絵だろう」と思った。

「東」は剣を持って構えている宮本武蔵に見えた。「西」は戦車、「北」は飛行機。それらの絵をきれいに並べるゲームだという感覚をそのときに持った。

この話は絵画にたとえればわかりやすいだろう。

壁にかかっている絵画を観るとき、誰でも一度、絵の全体像を眺めるはずだ。同じように麻雀も絵心でとらえれば、広く全体が見えてくる。そうすれば、数などに執着することなく、感性を働かせて瞬時に判断することもできる。

つまり、点や線ではなく、円の感覚で全体をとらえるのだ。

こういう話をすると、

「桜井さんは右脳で麻雀を打っているのですね」

と、よく言われる。

論理の組み立てで思考するのが左脳、画像やイメージで判断するのが右脳。

つまり、私は右脳で麻雀を打っているというわけだ。

脳生理学のことはともかくとしても、「左脳よりも右脳で打て」と言い換えたほうがピンとくるならば、そういう理解をしてもらってもかまわない。

ただし、麻雀でも他のことでも「右脳を使いなさい」と言ったところで、右腕と左腕を使い分けるように脳を使い分けることはできない。

じゃあ、どうやって右脳型の打ち方を身につけるか、あるいは勝負の判断力を養うのか。

それは、瞬時に考えることだ。

そして、瞬時に判断するためには、ムダな思考をどんどん削ぎ落とさなければいけない。

そのためには、考える時間を短縮させる訓練が必要だ。

考え込んでいると余計にわからない方向にいってしまう。

大切なのは適度に考えて、適度に考えるのをやめることだ。それは「踏ん切りをつける」とか「割り切る」ということとは違う。

「感じる」ということだ。

「感じる」という心の動きは、0コンマ何秒の世界だ。

その瞬間に感じ、感じた瞬間に判断する。そういう訓練をして判断の速度を上げていけば、短い時間の中でいくつものことを判断できるようになる。

反対にひとつのことを長い時間かけて考えていたら、次に行くまでに時間がかかる。

それでは局面の変化を感じることができない。

瞬時に考えて瞬時に判断することを心がけていけば、執着がなくなり、変化への対応力が強くなる。

それとともに感じる力が養われていくのだ。

目に見えないものを耳で見ろ

勝負に勝つ秘訣の中に「耳を澄ます」というものがある。

耳を澄ませば、硬さがとれて柔らかくなる。これが強さの秘訣のひとつなのだ。

勝負に入ると、誰でも目をカッと開こうとする。

「勝負師の目」などという言葉があって、みんな目を大事に思っているが、目に力を込めれば込めるほど硬くなる。柔らかさを失ってしまうのだ。

おそらく、昔の剣豪も目ではなくて耳で勝負していた、と私は思う。

耳を澄ませば冷静になれる。そうなれば、目ではなくて耳で相手や戦況を見つめられるようになる。

人間が海や山などの自然に出かけて落ちつくというのは、ひとつには静寂がある。

静かなところで耳を澄ませていると、心が落ちついて小さな音でもきれいに聞き取れる。

これが心が澄んだ状態だ。

麻雀のときでも、耳を澄ませば全体がよく見えてくる。

必死に目で見ようとしても見えなかったものが、耳を澄ませると見えるようになってくるのだ。

耳というのは、見えないものを聞こうとする力を持っているから、見えないものが見えてくる。目というのは、見えるものを見るわけだから、目に入ったものにとらわれてしまう。

たとえば、壁の向こうにある気配を感じるのは目でなく耳であることを思えば、そのことがよくわかるはずだ。

麻雀というのは、伏せて積んである牌や相手の牌、勝負の流れなど、目に見えないものを見る力が強い者が勝つゲームだ。

そこで、目に見えるものにこだわりすぎてしまうと、目に見えないものを見抜く力がまったく働かなくなってしまう。

目に入るものを追いかけすぎることなく、耳を澄ませて音を聞いていると、たしかに「耳で見る」ことができるようになる。

ほんのわずかな違和感を聞き取れるようになってくるのだ。

修行僧が座禅を組んでいるときに線香が崩れ落ちる音が聞こえるという話を聞いたことがあるが、それに似た感覚かもしれない。

耳を澄ませて線香の落ちる音が聞こえる。やがて、その音さえ聞こえなくなって、すべての音が消える。そのときに、その場と自分に一体感が生まれ、すべてが見えてくるのだ。

たとえば、海に向き合って、じっとしているときにもこれに近い感覚がある。

海が荒れて怒濤《どとう》の荒波が寄せては返しているとき、「恐ろしい波だなあ。これに呑まれたらイチコロだな」という恐怖感があると、波の轟音《ごうおん》はうるさいほど耳に響く。

けれども、「海はすごいなあ。強そうだなあ。カッコいいなあ」と思って見とれていると、いつのまにかその風景と自分が一体化して波の音が消える。

そのときにはもう恐怖心も不安も消えて、心が澄んでいる。

自然の偉大さを前に、自意識が消えた状態になっているのだ。

麻雀の場合、一見、騒音が多いように感じるかもしれないが、こうして耳を澄ませば相手の牌を置く音が透き通るように聞こえてくる。

「あ、テンパってるな」

「あ、ここで勝負にきたな」

そういうことが手に取るようにわかる。

相手の顔色を読み取ろうとするよりも、耳で聞くほうがはっきりとわかるのだ。

こういう感覚は麻雀のプロだけでなく、誰にでもあるはずだ。

たとえば、好きな人の足音で、その日の機嫌のよし悪しがわかるとか、朝、目覚めたときの音の気配で、窓のカーテンを開けなくても天気がわかるとか、誰しもひとつやふたつあるはずだ。

今でも漁師や農家の人など、自然を相手に暮らしている人は、そういう感性があるわけで、人間には本来、そういった能力があったはずなのだ。

それを失った都会の人は、そういう感性を取り戻す訓練をすればいい。ふだんから、耳を澄ませる練習をしていれば、その能力は必ず戻ってくる。

そうすれば、私の言う「耳で見る」という感覚がわかってもらえるはずだ。

人間には「熱い」「寒い」を感じるセンサーがあるように、他のことにも働くセンサーが本来、備わっている。

だから私は麻雀をしているときでも、「あ、この麻雀は薄い」とか「これは厚いな」と感じるセンサーが働く。場の空気のことである。

私の場合、右手の指先はそのセンサーの中でも、もっとも精密な場所だ。この牌に触れる指先が私にさまざまな情報を与えてくれる。

この右手のセンサーこそが、私の麻雀打ちとしての最大の宝物であったと言っていいだろう。

だから、私は右手で重いものを持つようなことは絶対にしない。

大事なセンサーを壊してしまいかねないからだ。

少し前に、プロ野球のある投手が、利き腕の右手の指先を包丁で切り、試合で投げられなくなったという話を聞いたが、これなど、プロとして考えられないほど自分の宝を粗末にしている。

人間には、そういう大事なセンサーがいくつもあるので、それらを働かせれば勝負においては強力な武器となる。

私が自分のセンサーでいろいろなことを察しているのを何度も見ている人たちの中には、

「桜井さんは特殊な能力があるから強いんだ」

と言う人がいるが、それが的外れだということは、読者のみなさんにはもうおわかりだろう。

私の察知能力は特殊でも何でもなくて、すべて本来、人間が持っていた能力なのだ。

私はそれを失わないようにするために、自然の中に出かけていったり、子どものように素直な心を持つようにしたりしている。

それを心がけた結果がこうなっているだけで、それは誰にだってできるはずなのだ。

耳を澄ませて見えないものを見るために、私は耳を大切にしている。

鼓膜が痛くなるような、やたらに大きい音を耳に近づけることは絶対にしない。必要のない場所でテレビやステレオの音を聴くことはしないし、ヘッドホンで大音声の音楽を聴くなどと言うのはもってのほかである。

基本的に私は音楽を聴かない。

心をなごませるようなきれいな音を聞きたくなったら、波の音を聞きに行くし、小川のせせらぎを聞きに行く。鳥のさえずりを聞き、木々の揺れる音を聞く。

私はそうやって、勝負の武器となる耳を守り、耳に栄養を与えているのだ。

〝変化〟に対して敏感になれるか？

現代人は、考えること、悩むことをいいことだと教え込まれてきた。

「考えないヤツはバカだ」「悩まないヤツは知的レベルが低い」と言われてきた。

こうして、考えすぎ、悩んでばかりいるうちに、みんな自信をなくし、方向性を失い、病人のようになってしまった。

こんなとき、どういう人間が強いか。

勝負の世界にいた私の経験から言えば、それは「感ずるままに生きる」人間である。

そういう人間の力がいちばん強い。

勝負というものは、常に変化している。

いつも一定ということはあり得ない。

勝負の世界で「勝つ」とか「強い」とか「運がある」というのはどういうことかと言えば、変化に強いことである。

変化に対し「柔軟性」を持ち、「臨機応変」な対応ができるということである。

麻雀も他の勝負事も、勝負は「時・変化・相互作用」という3つの要素で成り立っている。

この3つを適切にうまくかみ合わせた者が運をつかみ、勝負に勝つ。

これは勝負に限ったことではないはずだ。

なぜ、今、みんなして「方向性がわからない」とか「なかなか勝てない」と言っているのか。

それは変化に弱いからだ。

変化に対応できていないからだ。

景気などというものは、勝負と同じで常に変化するものだ。

景気がいいと思って安心していれば、いずれ景気は悪くなるし、悪い悪いと心配しているうちによくなったりもする。

そうやって景気がよくなったり悪くなったりというのは「変化」なのであって、それを見て、いちいち「いやあ、悪い」とか「いいぞ、いいぞ」などと言っていてもしかたがない。

それは本来的に、絶えず変化するものなのだ。いいも悪いもない。

「変化して当然だ」と、常日頃から思っていれば、それに動じることもないはずだ。

変化に弱い人というのは固定観念が強い人だ。

知識や情報をもとにした自分の方程式にこだわって、それが固定観念となっている。

それに縛られているから、状況が変化するとついていけなくなってしまう。

それに対し、「感じる」ことを大切にしている人間は変化に強い。

何がどう変わったのか。

何がどう変わっていくのか。
それを感じることができる。
変化がわかるというのは、時と流れの変化がわかるということだ。
その流れの中で自分はどうするかという判断ができる。
だから「感じる」人間は強いのだ。

「感じる力」を大切にする

この頃「スローライフ」という言葉をよく聞く。

これまでのように、先へ先へ進み、効率主義がいきすぎたことへの反省から出てきたものであろう。スピードをもっと落としてゆっくりいこうというわけだ。

ゆっくりいくのは結構だが、「ゆっくり」の意味合いが表面的すぎる。

今、「ゆっくりいこう」と言っている人たちは、何かスピードこそがいけないもののようにとらえているようだ。

本当の「ゆっくり」というのは、スピードを出して〝スピードが消えた状態〟のことだ。

ただノロノロしているのとは違う。

スピードを出して、そのスピードが見えているうちはまだダメだ。

本当のスピードとは、見えないものなのだ。

たとえば、光は1秒間に地球を7周り半する速さだというが、光のスピードは見えない。

光というのは、まるで止まっているように見える。

これが本当のスピードだ。

悪いのはスピードなのではなく、目に見えるスピードなのだ。

わけても、焦ったり気短にプロセスを大事にしないスピードはよくない。

こんな目に見えるスピードを追求してしまうから「スピードはよくない。ゆっくりいこう」などということになってしまうのだ。

スピードは一瞬一瞬のもの。これは、きわめて大切なことだ。

瞬間に間に合う勝負をしようとすると、考えを捨てることができるからだ。

瞬間で判断しようとすると、「考える」のではなく、「感じる」ことで判断できるからだ。

日本人は「よく考えなさい」という教育を受けすぎてきたおかげで、「感じる」力が弱くなった。その結果、「考えること」のマイナス面だけがふくらんでしまった。

人間、考えれば考えるほど迷うし、慎重になるし、弱気になる。

また、考えれば考えるほど「よくない考え」も生まれ、不誠実にもなる。

子どもであろうが大人であろうが、今、目の前で起きていることに対し、感じたまま素直に行動したほうが、考えて考えて行動するよりも、よっぽどいい結果になることがどれだけ多いことか。

これは勝負の世界でもそうだし、一般の生活でもそうだ。

スピードは悪いことではない。

自分の流れがシンプルかつスピーディーであれば、感性は働きやすい。

物事を複雑にしすぎて考える要素が多くなると、感性が働きにくくなってしまうのだ。

チャンスは「つかむ」のではなく、「触れる」

何らかの勝負を前にしたとき、みなさんはどういう姿勢で勝とうとするだろうか。たいがいの人は「勝ち」を自分のものにしよう、手にしようという感覚を持ったりするのではないだろうか。

あくまで「勝ち」はつかむ対象なのである。

同様、仕事で取り組んでいるプロジェクトがあれば、その「成功」もやはりつかもうとするのが人情だろう。

ところで、私は麻雀の勝負において、「勝ち」をつかもうという気持ちを持ったことは一度たりもない。どんな大勝負であってもそうだ。それは仕事においてもも同じで、「結果」や「成功」をつかみにいく感覚は一切持つことがない。

なぜか。

「勝ち」や「成功」といったものは、つかもうとするとどうしても力が入る。

ところが、「手に入れよう」とか「こうしてやろう」と力んでしまうと、たいていそのとおりにはならないものだ。

たとえ、望んだ結果になったとしても、無理をした歪《ひず》みがどこかにあるので、「勝ち」や「成功」の裏で失われるものが少なくない。

だから「つかむ」という感覚を持たないほうが、いい結果がもたらされることになる。

ならば、どうすればいいのか。

その答えは「触れる」という感覚を持つことである。

私は常日頃、この「触れる」感覚を何事においても大切にしている。

麻雀においてもそうだし、仕事や人とのつき合いにおいてもみなそうだ。

「触れる」という感覚をわかりやすく言えば、水槽の中にいる魚を手で掬《すく》いあげるときをイメージしてもらうといいかもしれない。

水中の魚はつかもうとしても絶対につかまえられない。がっちりつかもうとすれば、その瞬間魚は手の間からスルリと逃げてしまう。しかし、魚にそっと触れにいく感覚でやさしく包み込むようにするとさっと引き上げることができる。

ゲームで「勝ち」をつかんでやろう、仕事で大きな成果をつかもう、この人の気持ちをつかもう……そんな姿勢でいる限り、満足なものを得ることはできない。苦労したわりには、たいしたものをつかむことができずに終わってしまう。

たとえば、麻雀であれば、牌をしっかりつかんで打つなどということは雀鬼《じゃんき》会ではしない。

牌はあくまで軽くそっと触れるようにして持つのだ。

そして、勝負の流れがつくっている見えない渦に触れるかのように素早く、力を抜いて切る。

麻雀の勝負は実に変化に富んでつかみどころがない。

一瞬、一瞬、形勢が目まぐるしく変化する。

こういう形をつくって勝ちにいこうなどという発想は通用しない。瞬間閃《ひらめ》くものにさっと触れると、新しい形が生まれる。

だが、次の瞬間には消え去り、別の形が現れるという繰り返しだ。

すなわち、麻雀における勝負の流れは決してつかまえることはできない。

勝ちをがっちりつかみにいこうとすると、途端に形を変えてスルリと逃げてしまう。

だからこそ、「触れる」という感覚が欠かせないのだ。

仕事でも人間関係でも、常に変化する流れを持っている。

それはつかみにいってはだめだ。

あくまでも、「触れる」だけでいい。

「夢をつかめ」と言う人がいるが、夢はつかもうとすればするほどつかめない。

夢をかなえたければ、触れる感覚で向かうといい。

「つかむ」ではなく「触れる」。

何事においても、その感覚は大事な基本になるのである。

型にこだわる人は変化に弱い！

型にこだわる人がいる。

勝負に携わる人の中にも、決まった型を持っている人がいる。

「○○流」などと名づけて、あるスタイルを保って戦うのをよしとする人もいる。自分の得意技を持ち、「型にハマれば強い」と評される人もいる。

たしかに得意技を持つことは、勝負において強味となる場合も少なくない。

何も得意技がない人よりは「このパターンになったら負けない」という型を持っていれば、勝機のうかがい方も覚えるだろうし、型を持つことが自信になる面もあるだろう。

しかし、型にこだわると変化に弱くなってしまう。

繰り返し言ってきたように、勝負事にしろ世の中にしろ、その人を取り巻く状況というのは常に変化していく。その変化にいかに対応するかが大事なのだ。「型にハマれば強い」というのは、その型で戦えなければ、からっきし弱いということだ。

常に状況が変化している中で、その型になるのをじっと待っているだけでは、いつまでたっても本当に強くはなれない。

私も「雀鬼流」などと言われるが、「雀鬼流」は、決して「型」ではない。この本の中で書いているような勝負や人生についての私の考えを総称して、「雀鬼流」と呼ばれたりしているだけであって、決まった形を教えているわけではない。

もう言うまでもないだろうが、雀鬼流の考え方の核心のひとつは「変化に強くなれ」と言うことなのだから、型にこだわることはむしろタブーなのである。

雀鬼流で重要なのは、型ではなくそれ以前の「基本動作」なのだ。

私には「変化」を教えてくれる師匠がいる。それは自然だ。

たとえば、私はしばしば海へ遊びに出かけるが、そこでは子どものように無邪気に遊びながらも、自然に様々なことを教えてもらう。

海に潜ると黒い岩の陰にタコがいる。岩と一体になって黒くなっているそのタコに、あいさつ代わりに手をさしのべると、タコはさっと身を翻《ひるがえ》して、別の茶色い岩の陰に逃げ込んでいく。見ると、タコは今度は茶色い岩と一体になって、茶色いタコになっている。

これも保護色の一種なのか、タコはそうやって身を守るために変化しているのだ。

自然界の中には、こうして変化しているものがたくさんある。

自分の姿を変えるもの、潮の流れや気流に応じて体勢や動きを変えるもの、生きることは変化することそのものだということを彼らは体現している。

人間だって自然の一部だ。

自然の状況、社会や人々の状況の変化に応じて変われなければ、そこで行き詰まってしまう。

ところが今、日本人は変化に対応できていない。

「うちの会社はそんなやり方はできない」「給料が下がったら困る」「年金はこれだけもらわないとやっていけない」などと言って、身を硬くして、変わることを拒否し、どんどん停滞を招いている。

仕事のやり方にせよ、思考回路やライフスタイルにせよ、決まったとおりにしていれば安心できるのかもしれないが、そこにこだわりすぎて変化に対応できなくなってしまうと停滞してしまうのだ。

よい流れに乗るために何より必要なこと

勝負には流れがある。

そして、人生にも流れがある。世の中にもまた流れがある。

人はそれを実体験から知っている。

「どんなにがんばってもうまくいかない」

「何をやってもうまくいく」

「なんだかわからないけど、予想外の出費が続く」

「人も仕事もどんどん向こうからやってくる」

そんなときがあるのを、誰しも感じているはずだ。

それを知っているから、みんな「いい流れに乗りたい」「流れを読めるようになりたい」「いち早く流れをつかみたい」と思っているのだ。

流れに乗るために大事なことは何か。

それはまず、自然体であることだ。

この世の流れのいちばん大きなものは自然だ。

風が流れ、川が流れ、潮が流れ、雲が流れる。

この自然界の流れにかなう人間はひとりもいない。

人間にとっての自然体とは、素直であることだ。

私がいつでも「素直であれ」と言っているのは、そういうことなのである。

素直に生きていれば、その人は流れに乗ることもできる。

違和感のあるところには決していい流れはこない。

「こいつ、イヤだな」「これ、何か違うな」というのでは、流れに乗ることなどできない。

「ウソをつく」「ごまかす」「言い訳をする」「人を裏切る」、そういうことをしている人には流れがこないのだ。

知識が増え、プライドばかり高くなった人というのは、物事を斜に構えて見たり、他人の言うことを素直に受け止めなかったりするものだが、それはすでに姿勢が傾いていて自然体から離れてしまっている状態である。

流れに乗るために大切なことは、頭を使って情報を集めて流れを読もうとする前に、まず素直であらねばならないということだ。

勝負の流れは常に形を変えてやってくる

勝負の流れ、人生の流れをつかむためには、まず流れを感じ取らなければいけない。

では、どういう人が流れを感じ取ることができるのか。

敏感な人は感じることができて、鈍感な人は感じることはできないのだろうか。

決してそれだけではない。

敏感か鈍感か、ではなくて、流れを感じ取る準備ができているかどうか。

そこに大きくかかっている。

つまり、仕事でも日常生活でも、常にちゃんと「準備・実行・後始末」というワンクールができているかどうかということである。

どんなに鈍感な人でも「準備・実行・後始末」ができていれば、流れを感じることはできる。

敏感な人であろうとも、準備をしていなければ流れがきても感じる間もない。流れが通りすぎてしまってから、「あれ、今、何かきてたのかな?」ということになるのだ。

悪いのは鈍感ではなくて、ズボラ、怠惰なのである。

「その場がきたら、しっかりやるよ」「あとでやれば大丈夫だよ」と言っている人は、絶対に流れには間に合わない。

流れというのは「あとでくる」ものではないし、「さあ、これからくるよ」と予告してくれるわけでもない。

それはあるとき突然、音もなくやってくる。

「そのときがきたら」などと言っている人は、それを感じることもついていくこともできないのだ。

いわゆる「グッドタイミング」というのは、みんなが考えているよりも、もっともっと瞬間的なことだ。

その瞬間に間に合わなければ、流れに乗ることはできない。

勝負はほんの一瞬に決まるのだ。

私の言う勝負の3要素「時・変化・相互作用」の「時」というのはそういうことも含まれている。

大事なのは「今」なのだ。

過去でもないし、未来でもない。

勝負の流れの中では「過去にとらわれず、未来に期さず」という心構えを持たなければ負けてしまう。

未来というのは今が作るものだし、過去を作ってきたのも結局、今の自分なのだ。

素直な心で流れを受け止め、今という瞬間に勇気を持って行動すれば、それがグッドタイミングになり、運になる。

流れというのは、言い換えれば、運ということでもある。

そこには「これは損か、得か」などという邪心が入る隙間はない。日頃から準備さえしていれば、瞬時に素直で正しい動きをするのは難しいことではない。

そうすれば、決して間を外して流れを見逃すこともないはずである。

「流れというのは常にぐるぐる回っているような気がするのですが、それには何か法則性でもあるんでしょうか」

そういう質問を受けることがある。

流れを読んだりつかんだりするために、もし法則性を発見できれば圧倒的に有利になると考えているからだろう。

流れというのは時計のように回っているイメージでとらえるのは間違いではないと思うが、残念ながら時計のように一定の速度で回ってはくれない。

大きな流れもそうだし、その人個人個人の流れというのも、いろいろな形の違いがあるのだ。

それは運にもいろいろな形があるのと同じで、人それぞれに違う。

「運というのは平等に訪れるのか、それとも不平等なものなのか」という話があるが、不平等というわけではなく、違いがあることはたしかだ。

人それぞれの顔や能力が違うように、運にも流れにも違いがある。

流れの速度も違うし、訪れる大きさや回数にも違いはある。

流れがひとつだと思ってはいけない。

あとからまた違う形の流れがきたときに見逃してしまうからだ。

流れというのは常に形を変えてやってくる。

それを知ることが、準備の第一歩なのだ。

「どうぞ勝ってください」と敵にすすめる心を持つ

相手のために麻雀を打つ。

私は常にそういう心構えで麻雀をしてきた。

勝負に生きる者は、相手を大事にする心がなければ強くなれないのだ。

その言葉を聞いて、よくこう質問する人がいる。

「いくら敵を大事にすると言っても、桜井さんの話を聞いていると、まるで敵に『どうぞ、上がってください』とすすめているように見えます。そんなことをしていて、本当に勝てるんですか？」

「勝てますよ」

勝負というのはそういうものなのだ。

ウソだと思うなら試してみればいい。

麻雀であれば、

「どうぞ、上がってください」

野球であれば、

「どうぞ、打ってください」

他の勝負や仕事でも、

「どうぞ、あなたが勝ってください」

「どうぞ、あなたが成功してください」

「どうぞ幸せになってください」

そう思って臨めば、その勝負は勝てる。余裕が出てくるからだ。

反対に、「上がらないでくれ」「打たないでくれ」と思っていると、上がられてしまう。

「どうぞ、打てるものなら打ってください」

そういう気持ちで投げたボールというのは、必ず伸びるものだ。

だから私はオープンリーチを好む。

「誰も振らないでくれよ。俺、ツモるから」

そういう余裕があるときというのは、まず負けない。

敵に「どうぞ」と言えることが、本当の余裕なのだ。

そういうときは相手のことがよく見えるし、全体の流れもよく見える。

自分がやるべきことの的も外さない。だから勝つことができる。

「この余裕」というのは、決して相手をナメるのとは違う。

若い人たちは、よく「余裕だよ」という言葉を口にするが、そこには「楽勝だよ」というニュアンスが多分に含まれている。

それは「余裕」が「油断」につながる危険をはらんでいる。

本当の余裕というのは、自分のことだけではなく、戦う相手のことをも思いやる気持ちなのである。だからこそ「どうぞ」という言葉が出てくるのだ。

もちろんそういう余裕というのは、それなりの鍛錬を重ねていなければ出てこないものだ。

まだ鍛錬も実力も不十分なのに、ただ相手に「どうぞ、どうぞ」と言っていれば勝てるというわけではない。

勝つための「準備・実行・後始末」を日頃からしておいたうえで、敵に「どうぞ」と言えるのが余裕なのである。

人間は「ここが自分の限界」と思ったところで止まる！

「勝負の世界にいたとき、さぞやたくさんの修羅場を踏んできたんでしょうね」

よくそんな質問を受ける。そう聞いてくる人の多くは、次のような質問をすでに用意している。

「長きにわたる不況は、ひとつの修羅場みたいなものだと思うんですが、いったいこういうときはどうすればいいいんでしょう。修羅場のくぐり方をぜひ教えてほしいんです」

「う～ん。私は自分が置かれた状況を修羅場だと思ったことは、あんまりないんですよ」

「え？　そうなんですか……」

相手は、そう言って拍子抜けしている。

たしかに私を題材にしたビデオドラマや劇画には、いわゆる「修羅場」と呼べるシーンがよく出てくる。

だからこそ、みんな「桜井章一に修羅場の話を聞きたい」と思うのだろう。

しかし、私自身は修羅場を修羅場と思っていない。

周りから見れば「これは修羅場だ」と思うような場面でも、私はそれを楽しんでいるのだ。

たとえば、「このままでは生きて帰れないかもしれないな」という場面に出くわしたことが何度かある。

だが、恐怖心はいつのまにか消えていき、「おお、面白い。受けてやろうじゃないか」とワクワクしていたのだ。

無論、それは現役で勝負していたときは若かったからということもあるだろう。

心技体が充実していたからこそ、怖いという気持ちが起きなかったのかもしれない。

「若い」というのはそういうことだ。

ただし、今その頃の自分のことをあえて分析してみると、修羅場を修羅場とも思わなかったからこそ、心が揺れることもなく勝負に入れたのだろう。

恐怖にとらわれることもなく、どんな局面でも平気でいられる自分がいたから、余裕というものがあったのかもしれない。

私が勝負の世界にいたとき、その舞台はいつも歌舞伎町だった。

歌舞伎町という町は、昔も今も修羅場である。

けれども、私はその歌舞伎町にいるとき、いつも「この町は楽しい」という感覚を持っていた。

まるで、怖いもの見たさで檻《おり》のない動物園や天然の怪獣ランドにきたような気持ちだった。

ふつうの人は、猛獣や怪獣や妖怪を見たいと思ったら、わざわざ動物園や映画館に行かなければならないが、私は歌舞伎町にいればそれを毎日のように見ることができたのだ。

とはいえ、私がかつていた修羅場というのは特殊な世界で、世間一般では、もっと広義で修羅場という言葉を使っているわけだ。

それについてはどう考えるべきかという話を少しつけ加えておこう。

修羅場というのは、「自分の可能性を超えた領域」とでも言えばいいだろう。

つまり、修羅場とは、そこに臨む覚悟とか度胸といったものを新たに身につけられる場所でもあるわけだ。

自分の可能性とか限界を決めているのは、結局のところ自分の脳だ。

だから、人間はふだん自分の脳で考えて「ここが俺の限界だ」と思ったところで止まってしまう。

しかし、もし否応なしに修羅場に入ってしまったとしたら、そこは自分の限界を超えた領域なのだから、自分を超えた体験ができる場所なのだ。

この体験ができれば、その人にとって、そこはもう限界ではなくなっている。

ワンステップ上の領域に進んだのである。

マラソンなどで言う「ランナーズハイ」というのは、おそらくそれに近い状況だ。

ある極限までいくと、それがある種の快感となっていく。

ランナーに限らず、ひとつのことに打ち込んでいるときに、麻薬も酒もないのにハイな状態になって特別な力が湧き出る。

言うなれば、「火事場の馬鹿力」だ。

修羅場というのは、そういう力を引き出してくれる場所でもあるのだ。

不純物の入らない心が強さを生む

勘を鍛えるための遊びとして、私はよく雀鬼会の生徒たちとジャンケンやクジ引きゲームをやっていた。

生徒たちは、次々に私が当てるのを見て驚いていたが、実はそんなに難しいことではない。

これは単なる遊びであって、ジャンケンで何十連勝しようがクジ引きで1等を当てようが、何の商品も賞金もないから、欲が働かない。

こういう状況では雑念などないから勘が働きやすいのである。

私は自分の欲のために当てる能力を使うことはあまりしない。

自分やみんなが何の得にもならないことで楽しめるときならいいが、欲のために当てるのは、自分の中に不純な要素をひとつつくってしまう。

つまり、弱くなる要素をつくってしまうことになるのだ。

ただ、まれに競馬を当てることはある。みんなと一緒に競馬を楽しもうというときに、「じゃあ、当ててみよう」と、遊び心で当てるのである。

そんなときの私を見て、一緒にいる連中は、

「スゴイですよ。これなら、一生、競馬だけで食っていけますよ」

と言って騒いでいるが、私はそうやって彼らが喜んでくれればそれでおしまい。また当分、競馬をすることはない。

同じように、ラスベガスでカジノに行ったこともあるが、そこでもやはり当たってしまった。

「ああ、また当たっちゃったよ。困ったな」

私がそう言っているのを見て、同行者は私がウソで困っているのではないことを知っているから、

「これでまた、ラスベガスにくるのがイヤになっちゃったでしょう」

と言ってくる。

そのとおり。だから私はラスベガスにも、当分行こうと思わない。

馬にしろラスベガスにしろ、私はその場で「勝とう」とか「儲けよう」という勝負をしているわけではなく、長い間、自分が築いてきたものが、たまたまそういう場所でそういう結果を生んでいるだけなのだ。

麻雀で誰にも負けない人間になるためにはどうすればいいか、真に勝負に強い人間であるためにはどう生きればいいか。

強さというものは、日常のそういうことの積み重ねの中から起きたことなのである。

その積み重ねとは、素直、正直、勇気、変化、自然といったものだ。

そして、その中のひとつが運であり勘であるわけで、それらを鍛えるためには、道場の子たちのクジを当てて喜んでいるぶんにはいいが、競馬やラスベガスで多額の現金を手にして喜んでいてはいけないのである。

「修正力」のある人は負けない

自分がいい状態のときは誰でも勝てる。

問題は、自分が悪い状態に陥ったときに、それをいかに修正して勝つか。

そういう力を、私は「修正力」と呼んでいる。

当然のことだが、修正力の前提は、まず自分の状態がいいのか悪いのかを判断する能力、つまり状況に対する「自覚力」がなければいけない。

それは「勝っているからいい」「負けているから悪い」という結果からの判断ではなくて、勝ち負けや戦況にかかわりなく、自分の状態を的確につかめるかどうかということだ。

高いレベルの人は、「これは直さなきゃいけないな」ということを素早く直感することができる。そうして早めの修正をすれば、もとのいい状態を保ったり、仮に悪い状態に入っても、まもなく修正することができる。

これは病気にたとえればわかりやすい。

風邪でも他の病気でも、「あれ？ なんかおかしいな」ということを早めに自分で察知できれば、病気の手当ても比較的簡単にできるが、気づくのが遅ければそれだけ悪化して治療にも手間がかかってしまう。

現代人は、こういう修正力が非常に弱くなっている。

それは生活の中で「ものを直す」という行為を忘れてしまったからだ。

大量生産大量消費の時代、時計やテレビの故障を直してもらおうと頼みに行くと、あろうことか「買ったほうが安いですよ」と言われてしまう世の中では、直すことの意味や価値がなくなってしまったのだ。

かつて私は、全国どこへ行っても道路標識がご丁寧に設置されているのを見て、「これじゃあ、方向感覚がある人間なんかいなくなるなあ」と思っていたが、結果はそのとおりになってしまった。標識がなければどこへも行けない人ばかりになった。

そして、さらにご丁寧にカーナビというものが出てきて、ますます人間の方向感覚や軌道修正する能力が欠落してしまった。

「ああ、便利だなあ」と言っているうちに、人間は巣に帰るという、動物のもっとも大切な本能さえ失ってしまったのだ。

昔の人にはそういう能力がちゃんとあった。

月や星を見て自分の位置や行き先を察したり、雲や木々や動物の様子を見て明日の天気がわかるという生活をしていた。当然、それは道や天気を知るだけでなく、人間を知る力でもあった。そして、自分自身を知る力でもあった。

しかし、文明の発達とともに、人間は生きるための力を失った。

その結果、世の中はおかしな方向へいってしまった。

おかしな事件、信じられないような犯罪が多発するのも当然なのだ。

方向感覚を取り戻すことが「修正力を強くする」ことなのだ。

ビギナーズラックはなぜ起こるか

どんな分野にも、「ビギナーズラック」というものがある。

キャリアを積んだ人が必死にやっても勝てないのに、初心者がスーッと勝ってしまう現象だ。

たとえば、競馬好きの彼氏にはじめて競馬場に連れて行ってもらった女性が、競馬新聞の読み方はおろか馬券の意味もよく知らないのに、パドックで「あの馬の目が素敵」などと言って買った馬が大穴で入ってしまうようなことが、しばしば起こる。

初心者は知識も情報も何もないおかげで、シンプルに考えているから勝てるのだ。

だんだんキャリアを重ねて、勝つということと負けるということの理屈が少しずつわかるようになってくると、今度は簡単に勝てなくなってくる。

それは難しさを覚えてしまって、複雑に考えるようになってしまうからだ。最初のときのようにシンプルに判断することができなくなり、複雑さの中に入り込んで迷ってしまうのだ。

麻雀でも初心者はシンプルに考えているからこそ強い場合がある。

キャリアがある人から見れば「よく、そんな牌を持ってきたなあ」というような牌を持ってきて上がってしまう。

キャリアがある人ならば「これを待っていてもくる可能性が低いな」と思って敬遠してしまうような牌を、その難しさを知らずに待っていたおかげでポンと持ってきてしまうのだ。

当然ながらビギナーズラックは長続きしない。

ビギナーでなくなってしまうと「複雑に考える」という壁に当たる。

そこを乗り越えて、またシンプルに考えることができるようになってくると今度は強くなる。

しかし、どんな分野においても、キャリアを積めば積むほど難しい方向へ行くのが人間の常だ。

人が「学ぶ」ということは、あらかじめそういう方向へ向かうことを意味している。

それでもなお、シンプルに戻れるかどうかが大きなポイントだ。

言ってみれば、童心に帰ることができるかどうかである。

子どもはいつでもシンプルに考えることができる。

だが、難しい勉強を覚え、「世の中はそんなに単純じゃないんだよ」と教えられ、複雑化して大人になる。

もし、どんなに学んでも童心を失わなければ、これは強い。

私はこの童心を取り戻すために、夏休みを1ヶ月とって遊びに出かける。

子どものときは誰でもこれぐらい夏休みがあったはずだが、みんな大人になると「そんなに休んでいられない」と言ってなかなか休まない。

そう言って、大人の理論で暮らしていると、童心に帰りようもない。

「桜井さんは余裕があるから1ヶ月も夏休みをとれるけど、ふつうは無理ですよ」

そう言われることがあるが、余裕とかそういう問題ではない。

私にも用事や仕事が詰まっていることもあるが、「夏休みをとるぞ」と、それこそ小学生のように計画を立て、何が何でも休む。

とにかく、子どものままの気持ちを自分の中にとっておくために、海や山に麦わら帽子をかぶって出かけていく。

そうしてシンプルな思考ができる自分を保とうとしているのだ。

「逆転する人」と「逆転できない人」との違い

敗色濃厚な人が、最後に勝負をひっくり返して逆転勝ちをする。

これもまた勝負の醍醐味ではあるが、どうして勝負事にはしばしばそういうことが起きるのだろう。

麻雀でも他の勝負事でもケンカでも、お互いが一生懸命にやっているときは状態がいいほうが勝つ。

終盤に入って優位に立っていれば、ふつうはそちらが勝つ。

ところが、終わりが近づいて自分が勝っているとき、「よし、この勝負、俺の勝ちだな」と思ってしまうと、その瞬間からドッと魔が襲ってくることがある。

要は、油断とか気を抜いた状態から逆転劇が起こるのだ。

勝負というのは、実は調子がいいときに負けがくるものだ。

麻雀でも、調子がよくて勝っているところに、突然、ボコッと落とし穴がある。愛の裏側に憎悪があるように、勝ちの裏側に負けがある。その意識を持っていない人は逆転負けをする。

勝負の終盤は言うまでもなく、どんなに有利であってもまだ勝負は終わっていない。

さらに言えば、もしその勝負に勝ったとしても「これはまだ途中経過だ」と考える人は強い。

その反対に、「勝ち」が「終わり」だと思っている人は、もうそこに負けが待っている。

その差が「逆転する人」と「逆転される人」の違いだ。

どんなに形勢不利でも最後まであきらめずに「逆転するぞ」と思っている人と、勝ちが見えてきて油断している人間が戦ったら、その瞬間はどちらが強いかと言えば、前者が強いに決まっている。

その兆しが勝負に現れると、追うほうには勢いが出るし、追われるほうには焦りと崩れが出るから、そこで大逆転劇が起きてしまうのだ。

人間というのは何にでも「始まり」と「終わり」があると思っているから、「勝ち」が見えてくると、それが「終わり」だと思ってしまう。

「最後まで油断するな」というのは正しいが、十分な言葉ではない。

「最後まで」ではなくて「終わっても」なのだ。

つまり、終盤、自分が優位だというときには、それが終わりなのではなく始まりだと思えばいい。

勝負には「始まり」は何度もあるが、「終わり」はない。

特に「勝ち」には終わりがない。

それに気づけば逆転されることはなくなる。

そして、逆転のできる人間になれるのだ。

強い相手と戦うとき 弱い相手と戦うとき

「うちのチームは格上の相手と試合するときは、そこそこいい試合ができるんですが、格下の相手との試合では妙に相手のレベルに合わせてしまうみたいで、よく取りこぼすんです。どうしたらこういうことがなくなるでしょう」

あるアマチュア競技の監督が、こんな相談をしてきた。

たしかに、このような戦いぶりがクセになっているチームをときどき見かけることがある。

「自分よりも弱い相手と戦うときには、どういう心構えが必要なんでしょうか」

「先手必勝で、最後まで手を抜かないことです」

「なるほど、最初にガツンと叩いて戦意を奪ってしまって、圧勝をめざすわけですね」

「そういうことですね」

「じゃあ、自分より強い相手と戦うときは、どういう心構えが必要ですか」

「まず、胸を貸してもらえることに感謝しなくちゃいけません」

「ええ。負けてもともとですから、試合できるだけでもありがたいですもんね。で、戦い方としては？」

「天運を頼り、ラッキーパンチを当てることです」

「ラッキーパンチの当て方って、何かあるんでしょうか」

「強い者というのは、案外、がむしゃらな相手にてこずることがあるものです。がむしゃらに打っているとき、ラッキーパンチが当たることがある」

「そういえば、以前、人気の格闘技イベントの試合で圧倒的に強いはずの選手が、ずっと格下の選手からダウンを奪われかねないラッキーパンチをもらってしまった試合があったのを覚えています」

「格闘技の試合では、実はそういうことは珍しくはありません。自分より強い相手となれば、戦術なんか無視してがむしゃらに前へ向かっていくタイプの選手は偶然のラッキーパンチを出すことがある。相手からすれば、『この選手はやみくもに打ってくるだけだな、あのパンチなら、俺は全部見切れる』と思うわけです。しかし、その『見切り』が油断になるのです」

「ということは、あながち偶然とはいえない」

「そのとおりです。この手のラッキーパンチは必然とも言える。『ラッキー』ではなく、『油断』が生んだパンチなのです」

「なるほど、よくわかりました！」

その監督は得心したようだが、実は勝負の相互関係というのは、そんなにパターン化して語れるものばかりではない。今のようなケースもあるが、そうではないケースももちろんある。

つまり、何度も繰り返しているように、勝負は常に変化しているのだ。

たとえば、勝負の展開には、早いものと遅いものがある。人間に早熟と晩熟があるのと同じことである。

早い展開で勝負が決まってしまう場合と、後半になって勝負の分岐点がやってくる場合があるのだ。

それと同時に、勝負する人間にも、先行逃げ切りが得意な人間と、後半にねばりを発揮して追い込むのが得意な人間がいる。

だから、ひと言で「勝負は先手必勝」とは言いきれないのだ。

大切なのは、自分を知るということと、その日の流れを見極めるということだ。

麻雀の場合でも、「あ、今日は最初からいける流れだな」とか「あとから追い上げていく流れだな」というのがある。

それをいかに読んで順応していくかが大事なのだ。無頓着に、ただがむしゃらになればよいというわけではない。

麻雀には、勝負が始まってからずっと親が強いときというのがあって、どんなに子ががんばってもダメな場合がある。

親の上がりは点数が大きいから、一見、親の独走になるのだが、だからといって、自分が子のときにバタバタしても始まらない。

そういうときは、自分が親になる番を待って、そのときに大きく上がる展開にすればいいのだ。

麻雀に限らず、あらゆることはこういう相互関係で成り立っている。

だから、「こういうときは、こう戦う」とパターン化して戦術を覚えてしまうことは危険なのだ。

場は常に変化しているし、相手も自分も変化している。

そういう中で、自分が覚えたことだけにこだわったり、自分の戦法だけにこだわったりしていたら、変化についていけない。

勝負は常に変化するもの。

それを意識していれば、流れにも敏感になり、やがては流れを見極め、流れを読めるようになってくるはずだ。

迷ったら、本来の場所に立ち戻れ

「今の日本では、誰も方向性を示せないのです。この状況をなんとかしなくちゃいけないのはわかっている。でも、自分たちはどこへ向かっていけばいいのか、それを見失っているのです」

時代のリーダーと言われていたはずの人たちが、そう言って頭を抱えている姿を私は何人も見てきた。

私は彼らにこう言った。

「あなたたちは、行き先がわからないのではない。帰る場所がわからなくなってしまっているのです」

人間は、前に進みたいという強い欲求を持っている。

より進歩したいという向上心を持っている。

その結果、特に20世紀は凄まじい進歩を遂げた。科学技術の進歩のおかげでたくさんのものを手に入れ、快適で便利な暮らしを次々と手に入れた。

そして、人々の欲望は肥大し続け、「もっと先へ、もっと先へ」と進み続けた。分をわきまえることもなく、自然界の大きな流れなどおかまいなしに、じゃんじゃん進んでいった。そして、進みすぎてすっかり帰り道がわからなくなってしまったのだ。

人間は前に進むことも大事だが、ちゃんと帰る場所があるということも必要だ。迷ったとき、疲れたとき、ひと休みしたいときに、立ち戻れる場所がなければ、さまよい人になってしまう。

たとえば、富士山の麓《ふもと》に樹海がある。自殺でもしようとする人以外、ふつうの人は、帰り道がわからなくなるほどには深く入り込もうとしない。

それが自然に対する畏《おそ》れというものだ。

人間の「心」とは、どこかにあるものではなく、「戻る」ということなのだと、私は思う。自然に戻る。ふるさとに帰る。基本に戻る。素直な気持ちに戻る。

そういうことが「心」なのだ。

経済成長だ、バブルだと言って、日本人は帰り道がわからなくなるまで進み、樹海の奥へ入り込んでいった。そんなところまで行ってしまっては「方向性がわからない」というのも当然であろう。これは自殺行為にも等しい。

挙げ句の果てが「失われた30年」だ。

そんなふうに日本人が「もっと進もう」「もっと儲けよう」「もっと大きくなろう」という欲望のままに突き進むのを、強力にサポートしたものがある。

それが「便利」とか「功利性」とか「効率」といった概念だ。

ところが、便利や功利や効率には心がない。

生産性や利益を上げるためには役立っても、人間が本来あるべき姿を教えてはくれない。そんなものにすがって先へ先へ進んでしまったから、帰り道を見失ってしまったのだ。

これはまるでカーナビに頼りきったドライブに似ている。

はじめて訪れる場所にドライブするとき、「カーナビがあれば怖いものなしだよ。どこへだって迷わずに行けるさ」と得意になって出かけたとしよう。ところが、目的地に着いたのはいいが、帰る段になってカーナビが壊れてしまったらどうなるか。きっと、そのドライバーは、そこで立ち往生してしまうに違いない。

カーナビの万能性を信じて疑わず、ただただカーナビの言うとおりに走ってきただけなので、自分が通ってきた道など、ろくに覚えてもいないのだ。

もしこれが自分の目で地図を確かめたり、人に道を教えてもらいながら走ってきたりしたドライバーならば、こんなことにはならない。

未知の道を走りながらも、自分の勘や観察力を働かせて目的地にたどり着いているから、途中にあった消防署や三本杉を頼りに帰り道をたどれるのだ。

つまり、五感や勘を使って行き着いたことが自分自身に身についているから、記憶力も備わっているし、帰路を探すための方向性も身についているのだ。

そもそも人間には、進みたいという欲求と同時に、いつかは自分の場所へ戻るという本能もある。

また、前に進むときでも「正しいほうに行きたい」という本能的なものも持ち合わせているはずだ。

たとえば、自分の体についても、「あ、ちょっと調子が悪いな」とか「今日は食べすぎないほうがいいな」というような信号を持っていて、そのサインを自分自身でキャッチして病から身を守る。

こういう人間の自然な営みがあるはずだ。

人間は太古から自然と共存して生き延びてきた。

自分という存在は大自然の一部であると自覚することによって、自然の恵みを受けて生きてきた。

ところが自然の流れや摂理を無視するような愚かなマネをしてしまった。

そのせいで、自分自身も自然の一部であることを忘れ、自らを病に陥《おとしい》れてしまったのだ。

1億円の勝負に勝ってラーメンを食う

人間、立ち戻る場所がないと迷いが増えて弱くなる。

その反対に立ち戻る場所があると強くなる。

迷ったときや軌道を修正したいとき、あるいは自分をリフレッシュする必要を感じたとき、立ち戻れる場所があるかどうかは非常に大切なことだ。

私の場合、それは自然の世界だ。

土に還《かえ》ろう――。

私はよくそう言う。

動物も植物も、やがては土に還る。

還る場所がそこにあるから、どこに行っても還る場所を見失わずにすむのだ。

ところが、みんなそれを忘れて、土からどんどん遠ざかってしまい、土に還る道すら見失っている。

土とは、人間が生きる根っこなのだ。

その意味で、今、世間の注目を集めている古武術は核心を突いている。

「古」というのは古いというよりは「もともとの場所」という意味だ。

つまり、あれこそ、立ち戻る場所なのだ。

土に還る、ということで私が実践してきたことは、たとえば、1億円の大勝負に勝っても、帰りにはラーメンを食うということだ。

負けて金がないから、帰りにラーメン屋に行くというのでもないし、1億円勝ったから銀座で豪遊するというのでもない。

それは自分を見失っていることになるのだ。

大きな勝負になればなるほど、現実には、目の前で大きな金が動いている。

しかし、それに魂を飲まれてしまうと、自分を見失い、勝負に負けてしまう。

そういうとき、自分の魂をまっすぐに勝負に向けるためには「土を感じる」ことが大事なのだ。

私が勝負の世界で勝ち、生き延びてこられたのは、そのおかげだと思っている。

仮に同じ実力のふたりが勝負した場合、金に執着の強いほうが必ず負ける。

金に執着がある人間ほど、100円の麻雀ならば実力が出せても、1億円の勝負となると身が縮んで手が動かなくなってしまうからだ。

私は、たとえ1億円の勝負でもお金をお金と思ったことがない。

お金が動いているのではなく、自分がそれまでやってきたことがどういう結果になって動くのか、それしか関心はなかった。

私にとっての大一番とは、金額の大小ではなく、むしろ対戦相手によるものだった。

いくら金額が大きくても、弱い相手とやるのはうれしくも何ともない。

「こいつは手強《てごわ》いな」と感じる相手とやるときや、信じられないほどツイている相手がいて、なおかつ自分が不調で大きく引き離されているとき、それをひっくり返していくまでの過程が何より楽しいのだ。

それは、勝負の現場を離れた今でも同じだ。

講演の依頼を受けたとき、金額の大小で判断したことはない。

それが5万円であろうが100万円であろうが、楽しい話をできそうなところには行くし、どう転んでも楽しい話ができそうにないところへは行かない。

どんなに金額が小さくても楽しい講演にできれば、出かけて行った私も集まってくれた人たちも、ともに喜びが大きいからである。

第二章

勝ち続ける人は〝ここ〟が違う

――スランプ、プレッシャーを味方につけよ

不調のときこそ、自分の実力がわかる

「スランプ」という言葉がある。

たとえば、スポーツの世界でも、かなりの実績を上げている選手がスランプで悩む姿を私も間近で見てきた。

彼らの多くは、どうして自分がスランプに陥ってしまったかの原因もわからず、だからこそ、その出口もわからずに苦しんでいる。

「桜井さんだって勝負の世界にいたんだから、スランプもあったでしょ？　それでも20年間も負けなかったっていうのはどうしてですか」

そう質問されることがよくある。

しかし、私は一度もスランプに陥ったことがない。

私がそう答えると、相手は一様に驚いた顔をするが、本当に私はスランプで悩んだことは一度もない。

もちろん、私だって調子が悪いときはある。人間、誰しも好不調はあるのだから、それは当然のことだ。

ただ、私の場合、自分が調子が悪いときほど勝負が楽しくなる。

「これはツキがないなあ」と感じたときほど、なぜかパワーがあふれてくる。

勝負師とは、そうでなければいけないのである。

私には妻と4人の子どもたちがいる。

しかし、これは麻雀打ちとしては珍しい部類に入る。家庭生活が平穏に成り立っている麻雀打ちというのは、やはり少ないのだ。

長い間麻雀にかかわって生きているうちに、離婚、一家離散、借金苦など、生活が破綻《はたん》してしまった人も多い。

結局、博打《ばくち》打ちなどというのは、いいときもあれば悪いときもある。どんなに調子が悪いときでも女房子どもを守っていかなければ、博打打ちの生活は成り立たないのだ。

それには、いいときのことだけを考えていては対応できない。

悪いときにはどうするかをいつでも考えておく必要がある。

どんなに調子がいいときでも、どんなに勝っているときでも、常に悪くなったときの用意をしておかなければならない。

つまり、勝負師は調子が悪くなるということを前提に勝負しなければいけないのだ。

「不調こそ、わが実力なり」

私はいつでもそう思っている。

悪いときのほうが自分の本当の力であり、本当の姿だと思っている。

ところが、人はみな「好調こそ、わが実力なり」と思っている。

日本の経済にしてもそうだ。バブルや高度成長が日本の実力だと思っているから、ちょっと景気がよくないと「不況だ、不況だ」と騒いでしまう。

「今の日本こそが、本当の実力だ」とは誰も思わないのだ。

スランプというのも、実はその発想と同じところからきている。

好調時の自分のイメージだけを幻想のように抱き続けてそこから離れることができないから、調子が落ちると「スランプだ」と思ってしまう。

そうではなくて、調子が落ちることを前提にしていれば、素直に「これも実力」と思って、気落ちすることもなく勝負に入っていけるのだ。

私は生来、「楽な道」と「険《けわ》しい道」があったら、険しい道を選んで歩くタイプである。

たとえば、女性を選ぶときも、やさしく尽くしてくれる女性がそばにいても、わざわざ手がかかる女性を選ぶ。

それで案の定、とんでもない苦労をさせられることになるのだが、それは最初からそうなるとわかって選んでいるのだから、たいして苦労だとも思わない。

同じように麻雀でも、順調にどんどん上がれるような展開なんて面白くもなんともない。

「ああ、今日は、かなり調子が悪いなあ」というときが実はいちばん楽しいのだ。

大リーグ1年目の松井秀喜が、メジャー特有の動く速球に苦しんで内野ゴロばかり打っていたとき、彼は思わずイチローにこうこぼしたと言う。

「動く球に苦労しています」

それを聞いて、先輩のイチローは言った。

「そういう経験がしたくてアメリカにきたんだろ」

日本でトップに立ったふたりがさらに上のレベルの野球に挑戦して苦しむ。だが、その苦しみは勝負に生きる人間として無上の喜びでもあるのだ。

これは何もトップアスリートだけの特権ではない。

より困難なことにチャレンジしてそれを達成したときは、安易な成功よりもずっと達成感がある。それを味わうことは誰にだってできるはずだ。

そして、より困難な道を達成するのは面白い。

また、困難な道を乗り越えるとその人の実力は増し、大きな自信を得ることができるのである。

それと同じように、調子がいいときにできたことを不調のときにもできるようになれば、その人の実力は上がっていく。

不調というのは、その人自身の大きな流れの中ではステップアップのために非常に大事なものなのである。

肩の力を抜くと本当の力が出る

どんな人間にも弱点はある。どんな勝負師にも弱点はある。
そして、もちろん私にも弱点はある。
たとえば、私はなかなか眠れない性質だ。
勝負の世界にいるときは、眠れないのがむしろ強味だった。
不眠不休で麻雀を打ち続けても、眠いと思ったことがないのだ。
睡眠不足で頭がさえないという経験も一度もなかった。
ところが、勝負の世界を離れると、眠れないというのは困ったものだ。
これは明らかな弱点だろう。

寒がりというのも私の弱点だが、これには克服の秘策がある。

それは、「寒い」という意識を遠くへ飛ばしてしまうのだ。

氷の上に裸で寝たら、誰だって寒くて冷たい。

けれども、私は氷の上に裸で寝ても寒くない。寒いという意識をどこかへ飛ばしてしまうことができるからだ。

「そんなこと言っても、寒いものは寒いですよ」

そう言っているうちは、自分の意識をコントロールすることなどできない。

私は氷の上でも、ガマンなどせずに寝ていられる。

がんばってガマンしているうちは、ガマンということにとらわれている。

それは本当のガマンではない。ガマンしているということを意識しなくなってこそ、本当のガマンが成り立つのだ。

「よし、ガマンするぞ」と力むと、人間、余計に苦しくなる。

むしろ、脱力する、力を抜くぐらいのほうがいい。

よくスポーツでも実社会でも「肩の力を抜け」というアドバイスを耳にするが、

それと同じ感覚だ。麻雀を打つときでも、肩の力を抜くことは大切なことだ。

強い人というのは、決してムダな力が入っていない。

しかし、この肩の力を抜くということが、案外難しいようだ。

私は塾生たちに肩の力を抜くことを教えるときには、まず一度、目いっぱい力を入れるように言う。その限界がくると、自然にフッと力が抜ける。

それが肩にムダな力が入っていない状態だ。

肩の力をうまく抜けない人というのは、肩にばかり意識が集中してしまっているのだ。

肩の力を抜くには、上半身よりはむしろ下半身に意識を持っていくほうがいい。

足の土踏まずに力を入れると、肩の力がうまく抜け、体のバランスが整う。

「麻雀は足で打て」

私はよくそう言う。

肩肘に力を入れて、手だけで打つ麻雀は弱い。

足の土踏まずに力を入れて、下半身で麻雀を打つ感覚を持てれば強くなる。

もっと正確に言えば、背骨で打つ感覚だ。

「それって野球と同じですね。ピッチングも、腕よりも下半身が大事なんですよ」

「ハマの大魔神」としてその名を轟かせた佐々木主浩《かづひろ》氏もかつてそう言っていたが、これは何も麻雀やスポーツに限ったことではない。

仕事やふだんの生活でも、精神的な意味で「肩の力を抜こう」と思ったときは、これと同じことを意識すればいいのだ。

そうすれば、ピッチャーの投球に「伸び」が出るように、その人のやろうとすることに「伸び」が出るはずだ。

「今はダメでもなんとかしのげば……」と考えられる強さ

「強くなるためには、変化が大事だということは頭ではよくわかります。だけど、実際は難しいですよ」

そう疑問を投げかける人がいる。

「変化に対応する力が弱いせいで、うまくいかない人間がいるとしますよ。その人が、たとえ『桜井さんが言うように、私も変化に強い人間になりたい』と思ったとしても、そもそも自分が変化することが苦手だからこそ、変化に弱いわけでしょ」

「なるほど。たしかにそうですね」

「じゃあ、そういう人は、まず何を変えればいいんでしょう。まず何を心がければいいんですか」

私の言う「変化」とは、何度も話しているように、そもそもは勝負の世界や人間社会を超えた自然界から発想したものだ。

自然はいつも刻々と変化している。

雨の日もあれば晴れの日もある。冬が終われば春がくる。

こういう変化の中で生かされているのが、われわれ人間なのである。

変わりたいかどうかという話の前に、絶えず変化している中で生きていくしかない。

けれども、人間というのは自分の都合でものを考える。

こうなったら都合がいい、こうならなければ都合が悪いというように考える。

だから、変化とのバランスをとることができないのだ。

人間の都合なんて、自然界から見れば些細《ささい》なことだ。

私たちはその中で、都合がいいことも悪いことも、どちらも当たり前のこととして受け入れていけばいいのである。

寒い日も暖かい日も生きていかなければいけないのと同じように、景気がいい世の中も悪い世の中も、同じように受け入れればいい。

景気が悪いからといって「これじゃあ、やっていけない。早く誰かなんとかしてくれ」という不満は、自分の都合だけでものを考えている人のセリフなのである。

運がいいのも悪いのも同じだ。

両方あるのが自然だし、両方あるのが自分なのだ。五分と五分でいいことも悪いこともやってくるのだから、悪いほうの五分を大きくしなければいいのだ。

それがわかっていれば、ツイているときにいい気になることもないし、ツイていないときにジタバタしたり落ち込んだりすることもなくなるはずだ。

昔の人は自然とともに生きているということを知っていたから、「晴耕雨読」という言葉があったり、お天道様に感謝するという教えがあったりした。

しかし、高度文明社会などと言って、自然さえも人間が変えられるような錯覚を持ってしまったから、雨が降れば文句を言い、嵐がくれば泣き叫ぶような人たちばかりになってしまったのだ。

嵐がくるのが自然なのに、「嵐がくる、嵐がきた」と騒いでもしかたない。それは、「注射が怖い」と言っている子どもたちと一緒だ。注射は誰だって痛いが、子どもは「注射は怖い」という恐怖感で痛さを何倍にも増幅させてしまう。

大人になっても注射が痛くなくなるわけではない。けれど、どれぐらい痛くてどれぐらいガマンすればすむかを知っているから、ジタバタしないだけなのだ。

運が悪いときとか不調のときというのも同じことだ。

「今は、たしかにツイていないけど、なんとかしのいでいけるだろう」と思えばマイナス10の不調ですんだものを、「不調だ、大変だ、どうしよう」と不安や恐怖でいっぱいになっていると、そのマイナスが100にも200にも増幅してしまうのだ。

政治家や識者、マスコミや宗教家など、不安を煽《あお》るのを商売にしている人たちがいるから、そのせいで妄想にかられている人たちがたくさんいる。

よく「夢は大きいほうがいい」と言うが、「不安は大きいほうがいい」とでも言いたげな人たちがいるのは本当に困ったことだ。

言うほうも言われたほうも、そうやってどんどんマイナスを大きくしているように私には見えるのだ。

話を最初に戻そう。変化に弱い人間が変化したいときはどうするか。

あまり「変化しよう」とか「自分を変えよう」とか意識しすぎないほうがいい。弱点を自覚してそれを克服しようと思いすぎると、義務感や苦痛のほうが強くなって、なかなか前に進めなくなる。

それよりもむしろ遊び感覚で変わってみることのほうが、よっぽど身になるはずだ。

女の人はヘアスタイルとか化粧とか服装でイメージチェンジするのが上手だが、あれも楽しみながらやるからできることだろう。

それと同じで、何か自分が変わろうと思うテーマがあるならば、そういうゲームを楽しんでチャレンジしていくような気持ちを持てれば、しめたものである。

考えすぎてダメになる男

考えすぎて、かえって裏目に出てしまう――。

それは、ギャンブルでも他のことでもよくある話だ。

たとえば競馬。いちばん最初にパッと見たときに「これだ」と思った馬がいる。ところが、競馬新聞をはじめとするいろいろな情報を見聞きしているうちに、「あっちのほうがいいかな」「いや、こっちもよさそうだ」と考え始める。

そうやって考え始めると、もう迷い出す。「ああでもない、こうでもない」と考えた挙げ句、結局、外してしまう。

何のことはない。

あとで振り返ってみれば、いちばん最初に「これだ」と思ったとおりの結果になっている。

そういうことがよくあるというのは、誰でも覚えがあるはずだ。

それなのに、何度も同じことを繰り返しては負け続ける。

どうして、そんなことになるのだろう。

それは、最初にパッと見たときに「これだ」と感じた自分の「感じる力」を信じていないからだ。

そういう人は、感じる力が弱いのではない。

せっかく感じる力が働いて「これだ」と思ったのに、「待てよ。もうちょっとよく考えてから決めよう」などと、自ら迷宮に入り込んでしまっているから、勝利を逃すのだ。

もっと悪いことに、考えすぎたせいで負けてしまった人に限って、負けたあとでまた考える。

「俺はなぜ負けたんだろう。考え方が間違っていたのかな」などと、延々考えてしまうのだ。

だから、また同じ負けを繰り返す。

「考えたからこそ負けた」という真実に、いつまでも気がつかないでいる。

考え方が悪くて負けたのではなくて、「感じる力」を放棄してしまったから負けたことがわかっていないのだ。

勘を鍛えようと思うならば、自らの「感じる力」を強くしなければいけない。

「感じる力」を強くするためには、いつでも「感じる力」を働かせて、それにしたがって行動を起こし、「感じる力」と体を一体化させる訓練をしなければいけない。

「感じる力」が強くなれば、決断力は強くなる。

「感じる力」がつけば、勘は当たるようになる。

それは、自らの「感じる力」に耳を傾けることからしか始まらない。

集中力を持続させるコツ

「勝負強い人は集中力がある」とよく言われる。

だから、勝負強くなりたい人は「集中力を身につけたい」と考える。

たしかに勝負の世界には、形勢不利だったのに、ひとつの小さなチャンスをきっかけに、一気に集中力を発揮して逆転勝ちをするのが得意な人間がいるものだ。

また、ふだんは肩の力を抜いてニコニコしているのに、ここぞというときに鬼《き》神《しん》のような集中力を見せて勝つタイプの人間もいる。そういう人は、気楽そうにしているときと集中したときのギャップが大きいから、より「強い」印象が残る。

勝負には流れがあり、人生にも流れがある。

その流れの中で、「ここが勝負のポイントだ」というときが必ずある。

そのポイントで集中力を発揮できるかどうかが、勝敗に直結する。

まあ、そんなことは、今さら私が言うまでもなく、勝負事の周辺では、昔から誰でも言っていることだ。

ところが、「集中力をつけたい」とみんな言うわりには、なかなか集中力を身につけられないようだ。

「私の会社では、社員に集中力をつけさせようと思って、セミナーを実施しているんですが、一向に成果が出ないんです。どうも集中力というのは、『ある人間』と『ない人間』が最初から決まっていて、訓練して身につくものではないような気がしてきました」

ある会社の経営者が私にそうこぼした。そこで、私はこう答えた。

「そもそも、集中力というものを勘違いしているのですよ。『よし、集中するぞ』と言うとき、みんな眉間にシワを寄せて一点を凝視するようにするでしょう。それじゃあ、いつまでたっても集中力なんて身につきません」

集中というのは、じっと一点を見つめることではない。

集中とは、全体の真ん中に自分の身（あるいは目）を置いて、全体を見通せるようにすることだ。

麻雀は、相手が3人いて、目の前で牌がどんどん流れていく。ひとりの相手、ひとつの瞬間、ひとつの牌だけをじっと見つめていたら勝負にならない。

常に複数のことを視野に入れておかなければ勝てないものだ。

ひとりの相手やひとつの瞬間やひとつの牌にとらわれてしまうような人は、決して強くなれない。同時に起きているいくつもの事柄に対処していく能力が問われるのが麻雀なのだ。

実は麻雀以外のこと、世の中のあらゆることもそれと同じだ。ひとつのことにとらわれてそこだけをじっと見つめていたら、決して強くはなれない。

いくら本人が「俺は今、これに集中しているんだ」と言って、そこだけを凝視していても、その人を取り巻く世の中では、いくつものことが同時に起きている。

それなのに「俺は集中している」と言って、たったひとつのことしか見ていない（あるいは、やっていない）のは、本当の集中ではない。それは単に視野が狭いだけなのだ。

もっと簡単に説明しよう。

テーブルの上にリンゴとミカンと柿を並べておいて、そのうちのリンゴだけを凝視していると、ミカンと柿は視界に入らなくなる。

そうではなくて、その全体の真ん中に目を置いて、目を少し細めるような感じにすると、全体が見えてくるようになるはずだ。

実は、これが集中なのだ。

もうひとつつけ加えるならば、私の「集中」のイメージは、「波紋」である。池に小石を投げ入れると、石を中心にして波紋ができる。その中心に自分の身（目）を置いて全体を見通し、それが無限に広がる感覚。

それが「集中」である。

一点凝視が集中だと思っている人は、集中しようという意識が強ければ強いほど、肩に力が入り、やがて心身ともに硬くなってしまう。視野が狭いうえに硬くなっていたら、強くなれないどころか、できることさえできなくなってしまう。頭にも体にも柔軟性がないからである。

特に、「ここが勝負どころ」というときは、誰でも緊張するものだ。そこで「緊張しないようにしよう」と思うと、人間はますます硬くなってしまう。

緊張感自体は悪いことではない。

勝負どころで何より大切なのは、緊張を突きつめた緊迫感なのだ。

そのとき、まばたきもせずに目を見開いて集中しようとするのではなく、むしろ薄目を開けるような気持ちでいれば、波紋の中心から全体を見通すことができるはずだ。

一点を凝視して肩に力を入れたような「片寄った集中」には持続力はない。「集中力を持続させるにはどうすればいいか」という話にしても、そもそも間違った集中をしていたら持続などできないのである。

波紋の中心から全体を見渡すことが集中だという意味がわかれば、おのずと集中力は持続できるのだ。

情報を捨てないと負けてしまう

今、世の中は情報であふれ返っている。高度情報化社会などと言いながら、何でもかんでも情報や知識を抱え込んでしまい、挙げ句の果てには、すっかりそれに振り回されている。

いったいどの情報が自分にとって価値があるのか、どの情報が本当なのかウソなのか。それさえわからずに情報や知識を集めては、迷い、悩み、それを解決するために、さらに情報を集めて、もっと深い悩みを抱えてしまうのだ。

「情報を集めることはできても、その情報を捨てることができないんです。勝負のとき、どんなふうにして情報の取捨選択をしているんですか」

そういう質問をよく受ける。

たしかに情報というものは、手に入れることよりも捨てることのほうが難しい。

それはなぜか。

情報を得るのは受け身でもできるが、その情報を生かしたり捨てたりするのは主体性がなければできないからだ。

情報を得ただけで何かが成し遂げられるなら、世の中、こんなに楽なことはない。そう思ってしまうのは、他力本願な部分が強いからだ。

しかし、情報などというものは他人からもらったものでしかないから、自分の中にそれを判断する能力がなければ何の役にも立たないのだ。

なぜ情報を取捨選択できないか。

それは実体験がないのに知識だけ抱えてしまうからだ。

つまり、情報を生かすためには、自分の実体験をもとに情報を判断する能力をつけておくことが必要なのだ。

よく「情報処理能力」などと言うが、それは情報を見聞きしているだけで身につくものではない。

自分自身が主体的に行動していくことによって、情報の価値を測れるようになる。

それが情報処理能力だ。

では、具体的に情報の処理はどうすればいいか。

情報が入ってきたら、それをすぐに生かそうとか捨てようとか思わないことだ。「捨て方がわからない」と言うなら、無理に捨てようとしなくていい。

その情報が使えるときがくるのを待っていればいいのだ。

やがてそのときがくる。

そのとき、実体験の中に情報を放り込んでみれば、その情報が自分にとって有用かどうかがわかってくる。

もし「これは違うな」と感じたら、そこでポーンと捨ててしまえばいいのだ。

どんな情報であっても、情報と実体験の遭遇がなければ、そこには何の価値もない。

情報を得る、行動して情報を実体験する、そのあとで取捨選択する。

その消化活動の繰り返しの中でしか情報の処理能力は身につかない。

私が情報を取捨選択するときに基準になっているのは、すべて実体験だ。

自分で体験したことのない情報は基本的に信用しない。

自分で情報を体験して消化したとき、はじめて知識が知恵になる。

情報の取捨選択方法がわからないという人は、知識の肥満児になって実体験がそれに追いついていない人だ。

情報をどう判断するかと迷う前に、まず行動して情報を消化する。

そうしていくうちに、今度は未知の情報を嗅ぎ分ける感性もついてくる。

「あ、これは価値のある情報だな」「これは不要な情報だな」「この情報はみんなが鵜呑みにしているけど、きっと間違っているな」という判断ができるようになってくるのだ。

「100%出しきる！」は、案外モロい！

どうしても勝負に勝ちたいというとき、たいていの人は「100%、全力を出しきるぞ」と気合いを入れるはずだ。

勝負事に限らず、何かを成し遂げたいというときも、同じように「100%の力を出すぞ」と思うだろう。

しかし、この「100%」というのは、案外、モロいものだ。

100%。つまり、「完全」とか「絶対」というのは非常に危険だ。

私は勝負に臨むとき、常に「80%」の気持ちを忘れないようにしている。

100をすべて勝とうとすると、そのすぐ後ろには負けが待ち受けている。

「80、勝てばいい」という気持ちでいれば、余裕が生まれ、勝ち続けることができるのだ。

一生懸命にやっても、それは80％の力。20％の余力がある。

この20％というのは、車の運転でいうハンドルの「遊び」のようなものだ。この遊びがあるから、余裕も生まれるし、勝負も仕事も楽しくなる。

たとえば、私は道場を主宰していたが、これも私自身に遊び感覚がなければ苦しくて続けていられなかった。

仕事で人に会ったり、こうして原稿を書くにしても、遊び感覚がなければ、書くほうも読むほうも息苦しくなってしまう。

「100％」とか「絶頂」の向こうには、必ず不調がある。

「100％のそのまた上」というのはありえないし、「絶頂以上」というのもありえないのだから、あとは下るしかないのだ。

しかし、80％を保っていれば、向こうに落ちてしまうことがない。

20％の幅があるからだ。

「そうは言っても、人間、成長しようとか成功しようと思って、がんばればがんばるほど、80％を超えて90％とか１００％近くまで到達したいと願うものだし、ときには実際に到達してしまうことだってあるかもしれない。そういうときはどうすればいいんですか」

そう聞かれることがある。

仮に90％を超えるほどの成果が得られたときでも、「これが80％なんだ」と理解すればいいのだ。

どんなにがんばったとしても、それが自分の80％。

どんなに成功できたとしても、それが自分の80％。

たとえば、人に何かをしてあげたとき、どんなに尽くしたとしても「これは80％」だと思えば、自分を見失うこともなく、相手との関係性も崩れない。

恋愛のときでも、どんなにその相手にホレても「これは80％」だと思うことができれば20％の余裕が生まれ、相手に過剰な期待をすることもなくなるから、意にそぐわない事態が起きても相手を愛していられる。

１００％の愛ほど憎悪に転換してしまう危険があるのだ。

「俺は１００％できた」とか「俺は悟った」というのは、柔軟性を失い、相互関係を阻害する。

どんなによくできても、

「まだちょっと足りないな」

「まだ80％だな」

という気持ちがあれば、残りの20％のところに人間らしい柔軟な気持ちが生まれ、相互関係が生まれるのだ。

日本には昔から「腹八分目」という言葉もあるし、「そんなにいい思いばかりしていたらバチが当たるよ」という戒《いまし》めもある。

私の言う80％というのは、そういうシンプルで古風な教えと重なっているのだ。

プレッシャーに勝つには「80％」の気持ちを忘れないこと

ここぞという肝心なときに弱い人がいる。

本来、力は持っているのに、大事な局面になればなるほど緊張感が高まりすぎて、ふだんの実力を出すことができないまま負けてしまう。あるいは仕事などで失敗してしまう。

いわゆる「プレッシャーに弱い」という人である。

プレッシャーに強くなるためには「80％」の気持ちを忘れないことが大切だ。

それは、前にも書いたように「20％のゆとり」を持つということである。

20％のゆとりがなくて、「１００％、がんばるぞ」と肩に力が入ると、緊張感が高くなりすぎてしまう。また、「俺は100%だ」と思っていると、相手や物事をナメる感覚が出てしまう。

私は麻雀のとき、どんなに格下と思える相手であっても「自分は80%」という気持ちで勝負に臨む。

相手をナメてかかると、それだけで負ける要素をひとつつくることになってしまうからだ。

相手や物事をナメてかかるような人間に限って、大事な局面ではプレッシャーに負けてしまう。

それは、相手や状況によって「これは楽勝」とか「これは手強いぞ」などと自分で決めてしまい、それによって自分の精神状態も大きく左右されてしまうからだ。

弱いと思える相手との勝負でもナメることなく、強いと思える相手との勝負でも怯《ひる》むことなく。

その根底に流れる精神のひとつが「80%の自分」なのだ。

そうは言っても、生身の人間がまじめに何かに取り組んで生きていればいるほど、極度の緊張感やプレッシャーに襲われることはある。

あの最強ストッパーとも呼ばれた佐々木主浩氏さえも、

「ボクはマウンドに上がる前は、いつも怖くて逃げ出したくなるんですよ」

と言っていた。

彼がマウンドに立つときは常に自軍のピンチ。

その1球で勝敗が決まってしまうという緊迫した場面で登板するのが、彼らストッパーの仕事なのだ。

ブルペンで待機しているとき、佐々木氏は「打たれたらどうしよう」「逆転されたらどうしよう」と常に恐怖心にかられていたという。

しかし、グラウンドに降り立ち、ひとたびマウンドに登るとその恐怖心は消えてしまう。恐怖心をどこかに捨てたり置いてきたりしたわけではない。

恐怖心と緊張感と自分とが一体化して新たなひとつのエネルギーに転化する。

そんな緊迫した感覚なのである。

プレッシャーも緊張感も、それを無理に消そうとか捨てようなどとせず、そのまま素直に受け入れて、一体感を持つ。

私は麻雀を打っているとき、緊張感と牌と自分との間に一体感を持っているし、疲れたらその疲れと一体感を持つ。

海に泳ぎに行けば水と一体感を持つし、山へ行けば木や草と一体化する。

こうした一体感を自分の中に持てるようにしておけば、プレッシャーに負けてしまうこともなくなるはずだ。

そして、そういう一体感を持つために大事なのは「楽しい」という感覚だ。楽しくなければ、そこには違和感が生じるだけで一体感など持てない。

私は、あまり楽しくなさそうな仕事の依頼などがあると、それをどうやって楽しむかをまず考える。

たとえば、私が好きなタイプではない人たちの集まりから講演の依頼などがくると、やはり気乗りがしない。しかし、そこであえてこう考える。

「どんなイヤな野郎たちがいるか、ひとつ、顔を見に行ってやるとするか」

すると、それが楽しみになり、違和感が消える。

イヤな野郎だと思っていた人たちと一体感を持って楽しい話をすることができる。そしてイヤだと思っていたはずの仕事が、楽しい仕事になっているのだ。

プレッシャーにしても同じことだ。

プレッシャーに強い人たちに共通しているのは、プレッシャーを楽しむことができるということだ。逆にプレッシャーも感じないようになってしまうと、勝負や仕事が楽しくないだけでなく、「自分は、こういう大事な局面で、プレッシャーも感じないほど鈍感になってしまったのか」と自分にガッカリするのだ。

プレッシャーとは、決してマイナス要因ではない。

プレッシャーを感じている自分をそのまま受け入れ、楽しんでそれと一体感を持てばいい。

「プレッシャーに勝たなきゃ」と勢い込むのでなく、プレッシャーと上手に向き合えばいいのである。

最後には、ねばり強い人間が勝つ

私が勝負の世界にいたとき、勝ち負けの決着には、いくつかの形があった。始める前に終了時間をきっちり決めて、その時間がきた時点で点数が多いものが勝ちという形もあったし、一切、何の制限もなく、どちらかがパンクするまで、あるいはどちらかが「まいりました」と言うまで勝負するという形もあった。

制限を設けた勝負の場合は、時間内に流れをつかめずに敗れる者もいるが、制限なしという場合には、技術や運をねばりではね返すのが持ち味という者もいた。

一般的な麻雀でも、「あいつは勝つまでやめないからなあ」と言われている人がいるものだ。

どんなに負けが込んでも、絶対にあきらめずに勝負を続け、相手が音《ね》を上げるまでねばって最後には勝ってしまう。

「あいつは強いから勝つんじゃなくて、勝つまでやめないから勝つんだよ」

そう言われるぐらいにねばりがある人というのは強い。

そういう人は、無制限の勝負だけでなく、制限がある勝負の場合でも強いのだ。それは「勝負をあきらめない」という勝負の鉄則から考えても当然のことだ。

勝負の世界には「先を読む」という言葉があるが、実はこれが案外、曲者《くせもの》だ。

勝負の流れを的確に読み取ることは大切だが、それはややもすると「あきらめの早さ」につながる。

これは「ベテラン」と呼ばれる人が陥りやすい傾向でもある。

たとえばプロ野球でも、中盤までにある程度のリードを許した場合、ベテラン選手は「ああ、今日は負け試合だな」と先読みしあきらめて、力を抜いてしまうことがある。

ところが、新人選手の場合は、そんな余裕もないからリードされていようがいまいが、ただただ必死でプレーする。

あきらめてなどいられないから、それがねばり強さとなって、試合をひっくり返してしまうのだ。

ベテランだろうが新人だろうが、勝負が終わっていない以上、最後まで勝負をあきらめてはいけないのは言うまでもないことだ。

先を読むなどということより、最後までねばり強く勝負する者が強いのだ。

ねばり強さとは、言い換えれば、耐える力を持つということだ。

どんなに劣勢にあっても耐えていれば逆転のチャンスも訪れる。途中であきらめてしまってはそのチャンスもこない。

いつかはチャンスがくる。

そう信じていれば劣勢も耐えられる。

劣勢は、優勢に入る前の段階だ。それを知っていれば劣勢を楽しむ余裕も生まれる。

劣勢を楽しむ余裕があれば、耐える力もおのずとついてくるものなのだ。

敵の運を気づかえる人が勝つ

腕のいい寿司職人は、パッと飯を握っただけで「これで500粒の米だ」というのがわかると言う。

勝負事でも、技量を超えた次元の勝負をする人たちの場合は、勝負に入ったとき、相手の運や自分の運の量が手にとるようにわかるものだ。

それこそ、米が何粒かがわかるように、「あ、今日のこいつの運は10だな」「今日のこいつは5だな」「今日の俺は6だな」という具合にわかるのだ。

麻雀の場合は4人いるから、この相互作用がとても大事になってくる。将棋のように1対1の勝負であれば、ただひとりの相手と自分の流れを見ればすむが、麻雀はそういうわけにいかない。

ひとりの人がやたらにツイていて10の運を持っているとする。そうすると、当然、負けが込む人が出てくる。

でも、その負けている人がそれなりにがんばっていれば、ツイている人の運は10より大きくならず、やがては8や7に落ちていく可能性があるけれども、負けている人が勝負を投げてしまうと、ツイている人の運が20にも30にもなってしまうことがある。

麻雀はグルグルと東西南北を4人で循環していく勝負だから、ひとりでも流れを壊す人がいると、いい勝負はできなくなってしまうのだ。

だから、この例のようにひとりが投げやりになってしまうと、トップの人間がますます勝っていって、つまらない勝負になってしまう。

そこで、なんとか投げやりにさせないために、負けている人が少し上がれるように仕向けていくということが必要なときもある。

「それは一般の会社でも同じことが言えますね」

そう言った人がいる。

「同業他社が4社あるとして、ダントツのリーディングカンパニーが1社ある。それで、負けている会社がやる気をなくしたりしておかしな商売をしたら、その競争自体に活気がなくなってしまうし、残りの2社がトップを狙うのに邪魔になるかもしれない。だいいち、その業種自体の信頼を世間的に失うことにもなってしまいますよね」

おそらく彼の言うとおりだろう。

「共存共栄」というのはたしかにあって、特に運という意味においては、ときには敵をちゃんと生かしたり乗せてあげたりすることも大切なのだ。

スポーツの世界でライバル同士が切磋琢磨し、お互いを高めるのと同じことである。

アメリカがそうであるように、ひとり勝ちというのはよくないことが起こるものなのだ。

「闘志のある人」と「能力のある人」、どちらが強い？

勝負の世界において、「闘志」は大事な要素だ。

闘志はあるけれど能力が低い人間と、能力はあるのに闘志があまりない人間がいるとしたら、最終的に伸びるのは闘志がある人間のほうだというのが私の実感だ。

「能力がある」というのは、大方、技術的なことだ。技術的なことは、がんばればどうにでもなる。

しかし、「闘志」というのは教えられない。

「やる気を出せ。闘志を見せろ」といくら言ったところで、闘志は身につくものではない。能力や才能がある人間に育てることはできても、闘志がある人間に育てるというのは不可能と言っていいほど難しい。

闘志はないがそこそこ何でも器用にこなす、という人間に技術を教え込んでも、それは二流三流で終わってしまう。

闘志がある人間であれば、最初はヘタクソでセンスもないと思っていても、あるとき、飛躍的に伸びるということがよくある。

そういう人間は一流になる可能性を持っている。

闘志とか闘争心というのは、一度や二度の勝負で測れるものではない。負けても負けても、何度も何度もチャレンジしていくということが闘志の始まりだ。

たとえば、子どものケンカにしても、体の小さな子が大きな子に向かっていって、負けても負けても、またやられるとわかっていてもなお、泣きながらつかみかかっていく姿。あれが闘志の原型だ。

こういう闘志を失った日本人が多くなったのは、計算が勝ってしまうからだ。

闘志を持って物事に向かう前に、計算によって物事に向かう姿勢を決めてしまうのだ。闘志を持って向かおうにも「あ、これはどんなにがんばっても、これぐらいの結果になるな」とか「これぐらいやっておけば、これぐらいできるな」という計算が先に立ってしまう。

数字や効率がすべてに優先する社会の中で、日本人は闘志を失ってしまった。無謀、無茶、計算外のことをするのはバカだという価値観ができ上がってしまったからだ。

しかし、「勝負に勝つ」とか「勝負に強くなる」ということは、実は計算では成り立たない世界なのだ。

無論、麻雀もそうだ。

麻雀は数合わせのゲームだと思われているかもしれないが、数にこだわる人間は強くなれない。

「麻雀は確率の勝負だ」などと言うのは大間違いで、実際は確率とか数字を超えたところで勝敗が決まる。

この本のはじめのほうで、私は「麻雀を1枚の絵としてとらえる」という話をしたが、それは麻雀を全体的にとらえて、その流れの中で勝ちを引き寄せるために「数」以上に大事なことがあると気づいたからである。

数、つまり、計算が先に立たないから闘志も湧く。

計算よりも相手のことが大事だということに気づいたから、結果的に相手より強くなれる。

麻雀と同じように、実はこの社会も計算以上に大事なことがあり、それが勝ち負けやさまざまなことに大きな影響を与えている。

だいいち、世の中が計算でなんとかなるなら、経済の専門家が言っていることがもっと当たってもいいはずではないか。

しかし、現実には、経済学者とかアナリストの予測というのはまったく当たっていないし、彼らが数字をはじいて提言している政策は一向に効果を表さない。

これは彼らが無能だとかなんだとかということではなく、数字というのはそもそもそういうものなのだ。

そういう計算がよくできた人が、官僚になったり大臣になったり指導者になったりしている社会だから、闘志がムダなもののように見えてしまうのも無理はない。

去勢されたかのような人間が増えれば、社会をいい方向に変えていくことなどできないだろう。

計算などせずに、これと思ったものにまっすぐに立ち向かっていくところにこそ、活路がある。

そのとき、活路を進んでいくために必要なのが闘志なのである。

流れを見抜くためのトレーニング

流れを読む力をつけたい。

そんなとき、「読む」という言葉にとらわれて、頭で考えてしまうと何も見えなくなってしまう。

読むというよりも、「次にどうなるか」という流れを見抜く。

それができるようになるための面白いトレーニング方法がある。

日常生活の中で、知らないことやこれから起こることを当てるゲームをするのだ。ただし、それは知識や情報によって当てるのではない。

知識も情報もまったく入り込まないようなことを当てるのだ。

つまり、勘だけを頼りに当てていくゲームを繰り返すのだ。
テーマは何でもいい。
たとえば、初対面の人の子どもの人数や性別を当てる。
その人が結婚しているかどうかは、年恰好という情報で推測できてしまうから
テーマにはできないが、子どもなら情報がない。
電車に乗っているとき、次の駅で最初に乗ってくる人の性別や世代を当てる。
あるいは着ている服の色や形を当てる。
そんなふうに、すぐに答えが出るようなことを問題にして、どんどん当ててい
くのだ。
みんな「当てる」というと、競馬やパチンコのよく出る台を当てたいとか、何
か利益になるようなことを当てようと思っているが、そういう欲がからむことで
はトレーニングにならない。
日常生活にあることの中で、損にも得にもならないことを当てていくのがいい
のだ。それを楽しんでやってみる。

始めてみればわかるが、最初はきっとまったく当たらないはずだ。

それは、日頃何かを予測したり当てようとしたりするとき、知識や情報に頼っているからだ。それでは勘は働かない。

勘というのは、情報や知識を超えた力を働かせなければ当たらないものなのだ。

ふだんはそういう力を使っていないから、もうその力は失われている。

それは、そういう力がないのではなくて、使わないことによって退化しているだけだから、しょっちゅう使っているうちに、その力が戻ってくるのだ。

そうすると徐々に当たるようになってくる。

これは情報、しかも間違えた情報を頼りに当てようとするよりも、よっぽど力になるのである。

麻雀にしてもそうだ。

情報に頼る人よりも勘がさえた人が勝つ。

たとえば、平均的な麻雀好きの人同士の麻雀であれば、しょっちゅう手順を間違う。

その間違った手順を情報として受け入れてそこから判断したら、これは判断ミスをするに決まっている。

世間一般の情報にしても同じだ。

絶対に間違いのない情報というのがこの世にどれだけあるか知らないが、間違っている情報を頼りにして判断していたら、それは判断を間違えるに決まっている。

情報過多の世の中になればなるほど、そういう過《あやま》ちが多くなる。

はなから間違っているものをありがたがっているよりは、勘が当たるように鍛えておいたほうが、勝利に近づけるのだ。

苦労を忘れられる人が強くなる

ふつうならプレッシャーを感じそうな場面でも、飄々《ひょうひょう》としている人間がいる。
「あいつは何にも考えてないよな。ぜんぜん緊張してないもんなあ」
そう言われるような人のことだ。
いわゆる「楽天的」というのは悪いことではない。
言葉の印象として少し軽い感じはするが、楽天はよいことだ。
物事を重く考えると気持ちが重くなる。気持ちが重くなると体が重くなる。
体が重いと弱くなる。そういう人は弱い。
そういう意味で、楽天は軽い。

人間、社会の中で生きているといろいろな責任を背負って重くなる。けれども、そういう責任を重く感じずに始末できる人間は常に身が軽い。そういう人間が強いのだ。

責任とか苦労を、いつも一身に背負っているような顔をしている人は重い。今の日本にはそういう人が多すぎる。

どんなに責任を背負っても、どんなに苦労をしていても、そんな苦労を背中から落ろしてケロッと忘れてしまうような人間が強い。

スポーツ選手の中にはときどき「俺はあんなに努力したんだから勝てるはずだ」とか「自分は『これだけやった』という自信を持つために猛練習をしてきた」と言う人がいるが、それは二流以下の考えだ。

ある囲碁のタイトルをとった人が「今まで、自分がどんな苦労をしてきたかなんて、全部忘れました」と言っていたが、これは本物だ。

スポーツにしろ他の勝負事にしろ、その道の人たちが強くなるために他人の何倍も汗をかくのは当然のことだ。

それを「自分の支え」だと公言している人は、それだけで重い。

日本には「苦労は買ってでもしろ」という言葉があるように、苦労は美徳とされているが、それを表に出すのは勝負師のすることではない。

もちろん、それは勝負に限ったことではないはずだ。

「私は苦労をしてきました」と顔に書いてあるような人は一流ではない。

物事を成し遂げようと思ったら苦労をするのは当たり前のことで、それを人に見せたって何も始まらないのである。

「読み」と「計算」は違う

計算から勝負に入っていく人は、それが「勝負を読む」ことだと思っている場合が多い。

しかし、「読み」というのは計算とは違う。

勝負において、計算で成り立つことなんて実はほとんどない。

たとえば、私はよく「ＰＲＩＤＥ」の試合を観に、会場へ足を運んでいたが、試合が始まる前に「こっちの選手が勝つよ」と言うと、そのとおりの結果になっていた。

あまりにもそれが当たるので、格闘技雑誌の編集者たちが驚いて聞いてくる。

「どうしてそんなに予測が当たるんですか」

「君たちは格闘技の専門家として、事前に情報を収集したうえで『どっちが有利だ』と言っているかもしれないけれど、私はそういう情報は一切、見ていないんだよ。リングに上がるまでの両者の表情や歩く姿とか、リングに上がってからの両者の雰囲気や目つきを見て、感じたとおりに言っているだけだよ」

つまり、格闘技の専門家たちが、選手の戦績や体重といったデータや記憶をもとにした「数字」を頼りに予想しているのに対して、私は勝負の場を読んで予想している。

勝負の場を読むと、それは、むしろ「予想」というよりは、「わかってしまう」というのが私の感覚だ。

数字やデータをもとに計算するのではなく、その場に流れる空気やその場に起こっている状況の変化を見抜くことが「読み」なのである。

私の道場では、遊びのひとつとして野球をよくやっていた。

そのとき、こういうことが起こる。

道場の生徒たちは、だいたい戦力が同じぐらいになるように考えて2チームに分かれ、試合を始める。

私はしばらくネット裏に座ってそれを眺めている。

そのうち、片方が8対0の大差で負けたまま、試合中盤ぐらいにさしかかる。

そこで、私は負けているほうのチームのベンチに行って、こう言う。

「俺がこっちに入るから、おまえらのチームが勝つよ」

すると、本当にそのチームが逆転して勝ってしまう。

こういうことが、毎年毎年、続けて起こっていたのだ。

「計算」で考えれば、前半の試合展開で「どっちが有利か」は一目瞭然である。

その時点で「さあ、どっちが勝つか賭けてください」と言われたら、誰だって8対0で勝っているほうに賭けるだろう。

どんなに後半で流れが変わったとしても、簡単に逆転できるような点差ではないのだから、リードしているほうがそのまま勝つと予想するのが順当だ。

しかし、そういう計算を超えたところに勝負がある。そして、計算をひっくり返すところに勝負の醍醐味がある。

さらに、もうひとつつけ加えるならば、大差で負けているチームに私が入ることによって、逆転劇が起こるというのは、存在力の働きがある。

「桜井さんが俺たちのチームにきたぞ。よし、逆転できる！」

と思わせることによって、本当にそれが実現できるのだ。

つまり、雀鬼会においては、桜井章一が存在力になっていたのだ。

では、今の日本に、今の会社や各組織に、存在力を示せるリーダーがいるのか。

そこが、この国の大きな問題点のひとつとなっている。

自分より強い相手に勝つ方法

「ふつうに戦ったら絶対に勝てないような強い相手と戦うとき、なんとかして勝つ方法ってないものでしょうか」

突然、こんなことを聞いてきた人がいた。

「そういうことは絶対にありえませんよ。それがたった一度きりの勝負だとすれば、強いほうが必ず勝ちます」

「やっぱりそうでしょうねえ……」

彼はそう言ってうつむいていた。

もしかしたら、なんとかしてその強い相手に勝たなければ死活問題になるようなことでも抱えていたのかもしれないが、そんな突拍子もない方法があれば、誰も苦労はしない。

どんな場合でも、強い相手と戦えるというのは、非常に幸せなことだ。

自分とどっこいどっこいの相手や自分より弱い相手と勝負して、「勝った」「負けた」と言っていても、そこにはあまり進歩がない。

たしかに、一度きりの勝負であれば、強い相手と勝負しても勝機はない。

けれども、強い相手とやって負けることほど、勉強になることは他にない。

自分は何が足りないから弱いのか、強い相手と戦うことによって、それがはっきりと見えてくるからだ。

そのことを自覚して鍛錬すれば、今度勝負のチャンスがきたら、少しはいい勝負ができるようになるだろうし、それを繰り返していけば、いつかは勝てるようになるかもしれない。

仮に同じ相手には再挑戦するチャンスがないとしても、自分より強い人というのは他にいくらでもいるわけだから、そういう相手との勝負を重ねていけば、いつかは強い相手に勝てる日がやってくる。

誰だって最初から強い人はいない。

「自分より強い相手に、なんとかして今、勝ちたい」というのは短絡的だ。せっかく自分より強い相手と勝負できるチャンスをもらったのだから、喜んで負ければいい。

相撲の世界では、格下の力士が格上の力士に挑戦することを「胸を借りる」と言うが、まさにその言葉どおり。貸してくれる胸を目当てにぶつかっていって、どんどん負ければいい。みんなそうやって強くなっていくのだ。

「それでも、私はなんとかして勝ちたいんです……」

彼はそう言って思いつめた顔をしている。

私は気の毒になって、こう言った。

「それじゃあ、ひとつ秘策を教えましょう」

「え？　そんなものがあるんですか！」

「ありますよ。ズルをすればいいんです」

「え？　ズルですか？」

「そう。汚い手を使えば勝てます。後ろから丸太で頭を叩いてもいいし、だまし討ちでもいい。そんなに勝ちたいなら、ズルをすれば簡単に勝てますよ」

勝負というのは「勝ちたい」と思った瞬間に汚れが入ってしまう。

だから私は「勝ち」よりも「強くなる」ということを大切にしろと言い続けている。

「勝敗」よりも「強くなる」ことに価値を置けば、汚れることもない。

そして、結果などというのは、どうせあとからついてくる。

強くなろうと思ったら、どんな相手にも真正面から向き合わなければいけない。

後ろから闇討ちするのは、強い人間のすることではない。

しかし、汚い手を使ってでも勝ちたいという人がこの世には多い。

そして、実際にそういう汚い人たちがこの社会で勝利者になっている。

そういう薄汚い価値観の中で勝ちたいというのなら、悪を学び、ズル賢くなればいい。

そうすればいくらでも勝てる。

悪が勝者となるのは病んだ社会なのだ。

しかし、その病んだ社会の勝利者になりたいならば、それを教えてくれる人は探せばいくらでもいるはずだ。

なんたって、政財界のリーダーをはじめ、そういう人はごまんといるのだから。

イカサマを見抜くために
イカサマを知る

ズル賢いことをして勝負に勝つ人がいる。

政治や経済の中枢にいる人たちをはじめ、ズルいことをして地位や富を得ている人はたくさんいる。

今やこの社会では、「正しいことをして負けるのは損」「ズルをしても勝ったほうが得」という考え方が主流になっていると言ってもいいくらいである。

しかし、そうやって勝つだけで満足しているときには気づかないかもしれないが、それを続けていれば、やがてはその虚しさに襲われるはずだ。

汚い手を使って勝っていたことを後悔するときが必ずくる。

なぜなら、ズルをする人間というのは、間違いなく弱い人間だ。その弱さをズルして勝つことでごまかしていても、絶対に強い人間にはなれない。

自分の中に正しいものが何もなくて、ただ弱さだけが残っていることを思い知ったとき、人は自分を恥じるだろう。

そういう恥を恥とも思わないようでは、もはやどこにも救いがない。

「ズルをすれば勝てるけど、そんなズルはできない」というのが「恥を知る」ということなのだ。

ズルでは他人には勝てても、決して自分には勝てない。

自分に負けてしまった人間には、本当の勝利などありえないのだ。

たとえば、読売ジャイアンツというチームには、どんなに優勝を重ねたとしても真の勝利はありえない。

財力と人気にあかせて球界のルールを都合のいいようにねじ曲げて、そのうえ、実績のある選手を軒並みかっさらっていく。

それで「優勝する」と騒いでいるのは、まさにイカサマそのものである。

それを「企業努力」などと呼んでいるが、企業の理屈と勝負の理屈が折り合うはずもない。

マスメディアを使って大衆の誘導に成功し、「人気、実力ナンバーワンの球界の盟主」などと言ってみても、それは真の勝者ではないし、強い者のとる態度にはほど遠い。

麻雀の世界にもズルをして勝つ人はいる。いわゆるイカサマ師の類《たぐい》である。

イカサマをして勝つことは、やろうと思えば私にだって簡単にできる。

それでも私がイカサマをしないのは、ひとつにはイカサマをしなくても勝てるということもあるし、仮にそんなことをして勝っても、私が求める「強さ」とは掛け離れるだけだからである。

ただし、勝負の世界にいるときは、イカサマとは何かを知っておく必要がある。勝負の世界にイカサマが存在する以上、「そんなの、俺は知らない」と甘えたことを言ってはいられないのだ。

イカサマというのは裏側の社会だ。

表側で生きていくためには、裏側で何が起こっているのかを知ったうえで、自分が真っ当に生きていけばいいのである。

たとえば、私が現役の頃、札つきのイカサマ野郎と勝負しなければいけないとき、その相手のイカサマを見抜くために、イカサマとはどんなものかを熟知していた。

そういう相手のイカサマを通さないようにするためには、むしろ私のほうがもっとハイレベルなイカサマができるということをわからせておく必要があるのだ。

そうすればイカサマ野郎は、「あ、これは俺のイカサマなんかが通じる相手じゃないな。こうなったら、表の勝負をするしかない」と気づくことになる。

いわば、毒を持って毒を制する。そこではじめて、真っ当な勝負が成り立つという場合もあるのだ。

同じように、ビジネスや政治や他の勝負の世界でも、イカサマ師はいる。

そういう相手との勝負では、裏の仕組みはどうなっているかを知ったうえで、さらに自分が真っ当な勝負をしていかなければいけないときもあるはずだ。

私が再三「強くなるためには正しくあれ」と言っているのは、決してきれいごとだけではない。

現に、私が勝負の世界にいたときは、そういう汚い相手にも勝たなければいけない場面が何度もあった。

麻雀の勝負では「悪を通さない」ということが私にはできたが、何度も言うようにこの社会は悪が通ってしまう。

私はこの社会でこそ「悪を通さない」という意識を持つ人がひとりでも多くなってほしいと思っている。

第三章

究極の「勝負強さ」をめざして

――ホンモノの強さはこうして生まれる

自分の意志で瞬時に物事を決める習慣をつくる

「考え込まずに判断を早くしろ、という話はよくわかりました。だけど、なかなか実践できない。どうすれば、判断力や決断力を養えるんでしょう」

そういう質問をよく受ける。

そう聞いてくる人たちは、たいてい「決断というのは、考えた結果として行うものだ」と思い込んでいる。

そもそも、そこが違っているのだ。

決断力というのは、思考力とはまったく別のものだ。

まず、それに気づかなければ決断力など養いようもない。

決断するというのは、自分の目で見極めること、自分の目で選ぶことだ。
そういう目をふだんから養っていなければ決断などできない。
どんな小さなことでもいい。日頃から自分で決断して前に進む。
そういうことの積み重ねが決断力を養うのだ。
決断力をつけるためには、日頃の心構えが大切だ。
それは、人間としてごく基本的なことばかりだ。

・正直になる
・素直な心を持つ
・勇気を持つ
・物事に正しくまっすぐに向き合う

こういう人間として当たり前のことをしていれば、人間の心が育つ。
物事を見る目が育つ。その結果として、決断力がついてくる。

麻雀が強くなりたいと思ったら、麻雀卓を離れたところでも自分を律し、自分を鍛えていなければ決して強くはならない。

麻雀卓で決断力を発揮しようと思ったら、麻雀を離れたところでも決断をする訓練をしなければ、決して決断力はつかないのだ。

もちろん、それは麻雀に限ったことではない。

「仕事で決断力を発揮したい」「決断力のある人間になりたい」と思ったら、ふだんから、その訓練をしていなければいけないのだ。

つまり、今ここに列挙したような基本的なことを日頃から心がけることなしには決断力は養えない。

「私は決断力に自信がない」という人は、日頃から決断をしていない人だ。

自分の意志で物事を決めるということをしていない人だ。

ふだんから周囲に流され、状況に合わせて、なんとなく身を処している依存的な人なのだ。

そういう人は、自分自身ではいろいろと決断しているつもりでも、実はまったく決断していない。決めざるを得ないときがきたから、しかたなしにそうしたというだけのことだ。

ふだんから決断していない人が、大事なときに決断力を発揮することなど、できるわけがない。

決断力をつけたいと思うならば、日頃から、そのときそのときに決断をしていくことが大切だ。

どんなことでもいい。目の前で起きたことに対して、素直に感じ、決して後回しにせずに、その瞬間瞬間に行動していく。

たとえば、見知らぬ女性の衣服にゴミがついているのを見つけたとき、「教えてあげたほうがいいかな。いや、黙っておいたほうがいいかな」などと考えているのではなく、「あ、ゴミがついてますよ」と、サッとゴミをとってあげる。

これでいいのだ。

「あ、ゴミだな」と感じたら、次の瞬間、行動に移す。

電車のシートに座っているとき、お年寄りが立っているのを見つけたら、「席を譲ってあげたほうがいいかな。でも、どうしようかな」と考えていてはダメだ。お年寄りを見つけた瞬間、「おばあちゃん。ここ、どうぞ」と立ち上がる。

決断とは、そういうことだ。

感じたことをすぐに行動に移すことを習慣づけていれば、それが、やがて決断力となる。

まごまごしていると、いつまでたっても決断はできないのだ。

老年の私が格闘技のプロに勝てる理由

私は学生時代、特にこれと決めて打ち込んだスポーツはなかった。

ただ、万能といってよいほど、どんなスポーツもできたので、野球部や水泳部から試合のときだけ呼ばれることはよくあった。

特定の運動の練習を積んだ経験もなければ、当然専門家でもないそんな私のところに、野球やサッカー、卓球や格闘技などさまざまなジャンルの第一線で活躍しているアスリートがときおり訪ねてくる。ただの麻雀打ちに、みんな、「体の使い方について聞きたい」と言ってくるのだ。

プロレスラーの中邑《なかむら》真輔選手もそのひとりだ。彼がくると、私はまず相撲をとって体使いの基本の感覚を教えたりする。

ところが、ウエイトがゆうに100キロを超す中邑選手が、私のような老人に簡単に投げ飛ばされてしまうのだ。

もちろん、こちらがアマチュアの高齢者だからといって遠慮や手加減をしてくれているわけではない。投げられ、押さえ込まれながら「なぜ？」という表情を浮かべ、彼は何度も私に力いっぱいかかってくる。

だが、いくらがんばっても結果は同じだ。

鍛え上げたプロの格闘家が向かってきても私が勝ってしまうのには、ちゃんと理由がある。

相撲をとるとき、私は相手の体にくっついていくような感じで、相手と一体感を持つ。そういうふうに相手と一体化すると、相手がどんなに力を込めても、その力を私はまったく受けないのだ。

相手は必死になって力を入れても、それを相手自身が受けている。私が相手と一体化して、相手の中に入ってしまっているからだ。相手は力を入れれば入れるほど、自分が疲れてしまうのだ。

一体化するにはコツがある。それは力まないことだ。力を精妙な形で抜くのである。すると一体化すると同時に、相手の筋肉のパワーを凌駕《りょうが》してしまう力が逆に生まれるのである。

これを言葉で合理的に説明するのはむずかしい。

ひとつはっきり言えるのは、格闘家などプロのアスリートといえども、体の使い方や力の出し方が頭を使うことで限定されたものになっているということだ。片や私は力を抜くことで、自然の恵みとして与えられた本来の力を限界をかけることなく使える状態になっているのだと思う。

ロンドン五輪で団体銀メダルを取った卓球の平野早矢香選手は、昔から頻繁に私を訪ねてきて、引退後の今も親しくおつき合いをしている。

そんな平野選手にも、どうすれば力をうまく抜けるか、相手と一体化したプレーができるか、その感覚のコツをラケットを持つ位置や目線の動かし方などにからめながらよくアドバイスをしたものだ。

アスリートではないが、将棋棋士の羽生善治さんにも体の感覚についてはよくお話をさせていただいた。

麻雀と違って将棋は頭脳を非常に使うが、それでも最終的に勝負を決するものは感覚というセンスの世界であることを羽生さんはよくわかっておられた。

羽生さんは大勝負で勝利が見えてくると緊張のあまり、駒を持つ手が震えることがあるそうだ。身をすり減らすほど数多《あまた》の真剣勝負をくぐりぬけてきた大名人であってもそうなのだ。

緊張するのは力みがどこかにあるからに他ならない。

力みがあれば視野が狭まり、全体観を失う。心静かに広く全体を見ることがかなわなければ、正しい思考や勘の働かせ方はできなくなる。

勝負を生業《なりわい》とするものにとって、いかに力みをとるかは大きなテーマなのだ。

私の主宰していた雀鬼会では、この力みをとることで生まれる一体感がもっとも重要な教えのひとつとなっている。雀鬼会では、定期的に全国大会があり、毎回、300人以上の会員たちが一堂に会して日頃の成果を競い合っていたが、その結果自体にとらわれることはなかった。

こうした大会では、たいてい、優勝者や成績上位者だけが賛美の対象となり、美酒を浴びるものだが、われわれはそうではない。打ち上げのパーティーでは、みんなが優勝者のような笑顔で充実した時間を過ごしている。

「あれ、ところで、今日優勝したのは誰だっけ？」

「えーっと……」

「ま、そんなのはどうでもいいですよね」

などと言いながら、お互いの健闘を心からたたえ合っていた。

そこには、まぎれもなく一体感がある。

だからといって、「勝敗なんかどうでもいい。みんなが和気あいあいと楽しくできればそれでいい」という仲良しサークルとは違う。

ひとりひとりがこの大会を目標に鍛錬して、より強くなろう、よりレベルの高い麻雀をしようと競い合う中に、こうした一体感が出てくるのだ。

それが証拠に、雀鬼会の会員たちはプロを含めた他の団体の人たちと戦っても負けることはなかった。早い話が、強いのだ。

プロの団体などでは、「この勝負に勝つと何段」「この大会で優勝すると賞金いくら」というものがあるが、雀鬼会にはそういう論功行賞は一切なかった。

全国大会に勝ったからといって、実生活で役に立つものが手に入るということはない。

それでも、彼らはプロよりも一生懸命にやっていたし、誰よりも強くなろうとしていた。

基本動作の習得に始まって、ものの考え方や麻雀そのものの研究を重ね、実際に強くなっていったのだ。

それは彼らが「花を求めるよりも、土の中の根になろう」という志を持っているからだ。雀鬼会は金や名声を追い求めるよりも、本当に強い男になろうとしている者たちの集まりだった。

解散した今もその志を持ち、各々の道を歩んでいてくれたらうれしいと思う。

心に思ったことを即行動に移すのが強さ

一体感について、ここまでは「相手との一体感」「自然との一体感」という話をしたが、もうひとつ「自分の中の一体感」ということも重要だ。

つまり、頭と体の一体感、心と行動の一体感ということである。

「俺はこういう人間になりたい」とか「私はこれを成し遂げたい」と思ったときに、それを実現するためにもっとも大切なことのひとつは、思ったことはできる限りすぐ実行することだ。

心で思ったことは、すぐに実行する。

自分の気持ちにまっすぐに向き合い、素直に行動する。その繰り返しをしていれば、大事なときにも思ったとおりのことを実現できるようになっていく。

極端なたとえだが、私は「この野郎、許せないな。殴ってやる」と思ったら、必ずその相手を殴ることにしている。

ふつうの人は、「殴ってやる」と思っても、そこでグッとガマンするのだろうが、私はそうしない。ガマンするということは、自分の心に正直ではないからだ。

自分の心と体を一体化させるためには、そこでガマンしてはいけないのだ。

「そんなこと言ってたら、この社会で生きていけませんよ。だって、もし『この野郎、ぶっ殺してやりたいな』と思ったら、本当に殺さなきゃいけないってことになっちゃうでしょ」

そう言われたことがある。

私は迷わず答えた。

「もちろん、そういうときは殺さなくちゃいけないんです」

相手は驚くが、私は本当にそう思っている。

といっても、幸いなことに今日まで私は殺人を犯したことがない。

それは、若い頃、勝負の世界に入ったときに「このままでは俺は本当に人を殺してしまうな」と気づいたからだ。

勝負の世界に生きて、強くなり、勝ち続けるためには、心と体を一体化させなければいけない。そのことに気づいたとき、私はこう思ったのだ。

「心と行動を一致させなければ、本当には強くなれない。しかし、それでは人殺しもしなければいけないことになる。だったら、悪い心を持たなければいいじゃないか」

人を恨んだり憎んだりすれば、人に悪いことをしなければいけなくなる。けれども、そういう気持ちを持たなければ、悪いことをせずに心と体を一体化することができる。

そこまで考えが至ってからというもの、私の心の中からは悪いものがどんどん削られていったのだ。

しかし、世間一般では、まったくそれと反対のことを教えている。

「思ったことをそのままやっちゃいけません」

「よく考えてから行動しなさい」

たしかに、そのおかげで悪事を思いとどまるのかもしれない。だが、その代わりに、いいこともできなくなっている。

「人間は理性を持った生き物なんだから、感情のままに生きてはいけない」

みんなそう言われて育っている。

しかし、私は「感情を豊かに生きろ」と言っているのだ。

人間は、生まれたときから感情を持っている。

理性というのは、そのあとに覚えるものだ。

その意味で、人間は感情の生き物なのだ。

そうであれば、人間が本来的に持っている生物としての強さを発揮しようと思うならば感情にしたがって生きなければいけない。

人間が本来的に豊かな心を持って生きるためには、豊かな感情を理性で妨げてはいけないのだ。理性は外側、感情は内側にあり、内側こそ大事にすべきものだからである。

感情を表に出すということは、いいことも悪いことも表に出るということだ。だから、悪い感情が出てきたときにはそれを消さなければいけない。

その悪い感情を消す力を、私は「愛」と呼ぶ。それは自分に対する愛から生まれる。

人に対して何かをしてあげるのが愛ではない。

愛とは、「自分の悪を消す心」なのである。

つまり、「悪いことをしてはいけない」のではなく、「悪い感情を消す力を持つ」ことによって、悪いことをしない人間になる。

それが愛であり、本当の強さにつながるのだ。

常識にとらわれない
本物の勝負師・ビートたけし

世の中には、自分とよく似た人間というのがいるものだ。

昔、ビートたけしさんとゆっくり話す機会があったのだが、つくづくそう思った。

彼の父親はペンキ職人だが、とても博打が好きな人で、母親はいつも泣かされていたそうだ。

私の父親も博打が好きな男で、やはり母親が泣かされているのを見ていた私は、博打はいけないものだと思って育ったものだ。

「漫才は言葉でやろうとしても面白くならない。頭の中に絵がなければいけないんですよ。漫才のストーリーを言葉でなぞっているだけでは面白くならない。そのストーリーの具体的な映像を頭でイメージすれば、話がどんどん面白くなるんです」

という彼の言葉は、「麻雀は数字合わせでは強くなれない。全体を1枚の絵としてとらえなければいけない」という私の考えとまったく同じだった。

私の勝負の場所は麻雀だったが、ビートたけしという人は、ずっと芸能界で勝負をしてきた本物の勝負師である。

テレビで勝っただけでは飽き足らず、自分で映画をつくって勝負し、勝ち続けてきた。

それでいて、ただ強いだけではなくて人を包むような深さがある。

これは、「やさしさ」などという弱いものではなくて、強い人間だけが持つ「温かさ」なのだろう。

だから、彼のところには若者たちが引き寄せられ、やがて「たけし軍団」という同士の集まりとなって、芸能界で活躍の場を得たのである。

ビートたけしがスゴイなと思うのは、「世界の北野」と呼ばれる映画監督でありながら、次の瞬間はテレビのお笑い番組でパンツ一丁になって人を大笑いさせていたところだ。

これは、類まれなる修正力を自分の中に備えているからこそできる芸当であろう。凡百の監督やタレントならば、「世界の〜」などと祭り上げられると本人もその気になって高みにいってしまうところだ。

しかし、彼は「自分はこれじゃいけない」という強い修正力を持っているから、ただの成功者や成り上がりで終わることなく、ずっと第一線で勝ち続けていられるのだろう。

彼が成功したのは、たしかに才能があったからだろうが、それ以上に彼には修正力の強さがあったからこそ、表現世界も広がり、監督としても次々に名作を生み出していけたのだ。

いくら才能がある人でも、いつもいつも右肩上がりで順調に成功を続けるのは不可能だ。

どんなに才能があっても、当然、壁にぶち当たったり、方向性を間違ってしまったりすることがある。

そういうときに修正力を持っていれば、次の段階に進むこともできるし、成長することもできる。

つまり、才能を磨くというのは、言い換えれば、修正力を身につけるということなのだ。

そんなビートたけしの麻雀は、さすがに引きが強い。ふつうの人間ならば「こんな牌は待っていてもこないな」と、あきらめてしまうところをスッと上がってくる。

私がついていたとはいえ、道場の猛者たちを相手に、3回連続で上がってしまった。

ビートたけしという芸人の運の強さと、計算や常識にとらわれない感性を垣間見た思いだった。

信念を曲げない人間は、弱い

「俺には信念がある」

という言葉を聞くと、「この人は立派だ」と一般的には思うのではないか。

「ずっと変わらずにいてね」

などときれいな女性に言われれば、たいていの男は「うん」と答えるだろう。

そんなふうに、この世には「不変であること」の価値を認めるような言葉や概念がたくさんある。だから、「変化が大事」という私の話は、すぐにはわからない人が多いかもしれない。

しかし、「自分は変わりたくない」と思っている人でも、やっぱり変化しているのである。

仕事も10年20年変わらずにやっている。住む家もライフスタイルもパートナーも友達もずっと変わっていない。もちろん考え方も変わっていない。同じ場所で同じ生き方をしている。

それを変えるつもりは、今までもこれからもない。

そういう人でも、実は変化している。いいにつけ悪いにつけ、変わっているのだ。

たとえば、風というのは、量や姿形を変える。微風、強風、熱風、そよ風、突風など……。そんなふうに風が変わる。もちろん風向きもコロコロ変わる。

けれども、風の本質は変わらない。風というものはひとつなのだ。

つまり、本質的な不変の部分と絶えず変化している部分を、自分の中で整理できているかどうかだ。

そのうえで「変わらない」とか「変わる」という話が出てくるのである。

私はさまざまな言葉を受け止めるとき、「この言葉は強さからくる言葉か、弱さからくる言葉か」という判断をするが、「信念」という言葉は、どう見ても弱さからくる言葉だ。

たとえば、「感謝」とか「素直」という言葉と「信念」を比べてみれば、どちらが強さからくる言葉であるかは、もう説明の必要もないであろう。

中国古典『孫氏の兵法』の中に「風林火山」という言葉がある。

これも言ってみれば変化のことであろう。

「疾《はや》きこと風のごとく」と言っていても、次の瞬間「動かざること山のごとし」というわけだから、変わり身の話である。

風も林も火も山も自然のもの。

「信念」のように人が頭で考えた言葉とは違うから強い。

人間、金を借りたらダメになる

少し前まで「サラ金」という言葉には、どこか後ろめたい響きがあった。それは「金を借りるのは恥ずべきこと」という日本人の美徳からくるものだ。ところが、サラ金に金を借りにいくことは、今や恥ずべきことでも何でもなくなった。明るく健康的なイメージのコマーシャルが頻繁に流されたり、「消費者金融」などという言い換えが行われたりして、利用者の心理的抵抗はなくなり、サラ金会社は市民権を獲得した。

そのサラ金会社がプロ野球チームのスポンサーになろうとしたとき、球界一の実力者が「サラ金はいかん。プロ野球の品位を汚す」と噛みついてご破算になったことがある。タカ派で鳴らしている彼は保守的日本人の典型だから、古い日本の美徳には人一倍こだわりがあるのだろう。

しかし、私に言わせれば、サラ金も銀行も同じである。

サラ金会社を毛嫌いしている彼の会社だって、銀行を利用して大きくなっているのだから、どっちもどっちなのである。

一流と呼ばれる銀行が品行方正だなんて、もはや子どもでも信じていない。貸したの返したので儲けようとするのは、人の道から見れば、しょせん邪道でしかないのだ。

人間、金を借りたらダメになる――。

私は子どもや弟子には、常々そう言っている。

金を借りるという行為は、必ず罪を生む。

その罪は、その人間が性悪だから犯すのではなく、借りるという行為が人間を歪めることになるからだ。

誰しも、金を借りるときは「きっと返す」「必ず返せる」と思って借りる。

ところが、実際には返せなくなる事態が頻繁に起こる。

そうすると、言い訳をしたり、ごまかしたり、ウソをつかなければいけなくなったりする。なんとか返そうと思うあまり、悪事を働かなければいけなくなる。

そして、犯罪なり、法スレスレの人の道に反した行為なり、金さえ借りなければ犯さないですんだはずの悪事を働いてしまう。

社会のさまざまな事件のうち、金の貸し借りに端を発したものがどれだけ多いことか。

金を借りるということの怖さはそこにある。

金を借りたばかりにコソコソしなければならないぐらいなら、どんなに金が足りなくても貧しくても、金を借りずにいたほうが堂々と生きられる。

堂々と生きていれば、視界も広がり、今は運がなくてもいつかはチャンスがやってくる。

コソコソ生きていれば、視野も狭くなり、チャンスに出合うことすらできなくなってしまう。

もし私という人間の中に、強さの秘訣らしきものがいくらかあるとしたら、そのひとつは、おそらく「借りないこと」である。

それはお金だけではない。

いわゆる恩とか義理とか、有形無形のさまざまなものを人から借りれば借りるほど、人間は弱くなっていく。

借りることの根底には「楽をしたい」という心理があるが、それでは当然強くなることなどできないのだ。

たとえば、誰かの世話になって就職したり商売でメリットを得たりすると、世話をしてくれた人に対して「借りている」感覚になるはずだ。

そういう感覚を抱いたままで、もしその世話をしてくれた人と何かの拍子で競い合わなければならなくなったとしたら、この勝敗は目に見えている。

「世話をしてもらった人と勝負しようと思わないし、そんなことは起こり得ないよ」と思うかもしれないが、そんな単純な話でもない。

借りが多い人というのは、たとえ世話になった人と直接的に勝負することはなくても、あちこちに借りを増やしているうちに、負い目や依存心も増えていき、自分を信じる力が失われていく。

つまり、弱くなっていくのだ。

もちろん私だって、この世で生きている以上、ひとりではできないことがたくさんある。いろいろな人たちに助けてもらったり、協力してもらったりして成り立っている面もある。

けれども、もし私が「あ、今回は、この人に世話になったな」と思うようなことがあったら、感謝の心を深く胸に刻むと同時に、その恩や義理を必ず返すことを心に決める。

それは何も金やもので返すとは限らない。

「もし、この人が何か困ったときや俺の力を必要とするときがきたら、何をおいても尽くそう」

そう心に決め、そのときがきたら実践すればいいのである。

どんな形でもいいから返す。それが大事なのだ。

ホンモノの強さを持つ男の共通点

以前、格闘技が世間のブームになったときがある。

私は、そのうちのイベントのひとつ「ＰＲＩＤＥ」の試合だけは、創生期から毎回、通い続けたファンであった。

その中で、「こいつは本物だ」と思ったのは、ヒクソン・グレイシーだけである。

あらゆる団体を見渡してみても、「手強いな」「勝てないな」と思えるような選手は残念ながらヒクソンの他にはひとりもいない。

言うまでもなく、私は格闘家ではないので本当に戦うことはできないが、勝負の世界で生きてきた者として「本当に強い人間は誰だ」ということを常に見定めようとしてきた。

そういう目で見つめると、ブラジルのノゲイラもシウバも強いことは強いが、実際に会って対峙して話してみると、「手強いな」というよりは「かわいいな」と感じてしまう。

私は子どもの頃から強いものに対するあこがれが人一倍強かった。

ジャングルや動物も好きだったので、ターザンが象に乗って悪者を退治する姿は、いちばんのあこがれだった。

象は強くてやさしい生き物だと感じて、ライオンより好きだった。

そうした強いものへのあこがれは、今でも変わっていない。

強いものがいると聞けば、会いに行きたいと思うし、見に行きたいと思う。

ところが、今、その強いものがなかなか見当たらない。

強い人間がどこにもいないのだ。

そこで、私は強いものを見るために自然の世界に出かけていく。海に出かけ、潮の満ち干や荒波を見ると「これにはかなわないな。人間なんてひとたまりもない」と感じることができる。

海に潜ればサメに遭遇することもできる。

「サメに会ったら食べられちゃいますよ。怖くないんですか」

そう言われるが、私は恐怖心の前にあこがれの思いが先に立ってしまうのだ。そのせいかどうか、何度もサメに出会ったが、食べられそうになったことはない。

自然の中に入ると、私は自分の弱さを実感する。

「ああ、自然には勝てない。俺は弱い生き物なのだ」

そう謙虚な気持ちになれる。

ヒクソンも自然が好きだ。

柔術の型に木々や動物の動きを取り入れている彼の姿を見たとき、「この男は、自然に学ぶ心を知っている」と感じた。

彼もまた強いものへのあこがれと動物を愛する心を持っているから、私と会って遊ぶときには、いつでもふたりとも子どものままなのである。

プロよりもアマチュアのほうが強いのはなぜ？

今どきの親は、ふた言目には「子どもの個性を大切にしてあげたい」と言う。教育者たちも「何でも平均的にできる子どもよりも、何かひとつのことに秀でたものを身につけさせよう」というようなことを言っている。

そうした延長線上にあるのかもしれないが、今の世の中は専門家がもてはやされる傾向にある。

しかし、何かひとつできればそれでいいという教育からは、強い人間は育たない。私は何よりも「循環」を大事にしているということはすでに書いたが、その考え方を実践するためには「まんべんなく」「偏らない」という姿勢がなければいけない。

専門家とかプロというのは、いわば偏っているということだ。

私は麻雀のプロではない。プロの団体にも所属していないし、段位も持っていない。

意外に思われるかもしれないが、私はアマチュアなのである。

アマチュアだが、プロに負けたことは一度もない。

言ってみれば、この本もプロの作家ではなくアマチュアの物書きとして書いている。

「もはや専門家が書いた本を読んだって強くもなれないし、勇気も与えてもらえません。だから、桜井さんに書いてほしいんです」

そう言って編集者が私のところにやってきたから、こうして書いているわけだ。

偏ったプロになるより、まんべんないアマチュアでいるほうが、さまざまなことに対応できる。

人間社会が、ものをつくってそれを蓄えるようになってから、「専門家」が出てきた。みんながそれぞれの専門分野に分かれ、自分の専門のことしかできなくなっていった。

それで対処できなくなることが起きると、その道の専門家に任せっきりにする。そのうちに依存心が強くなって、自分の仕事以外何もできない人間ばかり増えてしまった。

これからの時代、専門的になろうとするよりも、アマチュア感覚を取り戻し、まんべんない人間であろうとする者が強くなれるのではないか。

敵がいるから、強くなれる！

人はひとりでは生きられない――。

この言葉ほど、勝負の世界にふさわしいものはない。

何と言っても、勝負というのは相手があってはじめて成り立つものだ。

強いとか弱いという以前に、相手がいなければ勝負もできない。

勝負をしたいとか勝ちたいとかいうのであれば、勝負してくれる相手の存在がどんなに大切であるか、それをまず改めて認識しなければいけない。

どんなに「俺はひとりでも生きられる」と言い張っても、お百姓さんがつくってくれた農作物がなければご飯も食べられない。

世の中というのは、あらゆることが相互関係の中で成り立っているのだ。

麻雀の世界において、もっともいい麻雀というのは、4人の間に相互の信頼関係が生じているときだ。

自分ひとりだけがどんなにいい麻雀を打っても、そこには何も生まれないのである。

敵のために麻雀を打て。

私の道場では、そう教えている。

麻雀というのは、自分と一緒に打ってくれる人のために打つもの。

自分のために打つのではないし、自分が勝つために打つのでもない。

自分がいい麻雀をする状態をつくり上げるためには、相手のために打たなければいけないのだ。

ライバルという存在がある。

たとえば、巨人と阪神、大谷翔平とマイク・トラウト、かつての浅田真央とキム・ヨナ。

こういう関係は、お互いがお互いを認め、尊敬し、信頼関係がなければ成立しない。

そういう相互関係の中で情熱をかけて競い合うからこそ、お互いに成長し、名勝負ができる。

敵でありながらも信頼関係がある。

それがいい勝負になっていくのだ。

ところが、残念ながら現実の世の中を見渡せば、互いにただの敵という関係がどんどん増えている。

トランプ大統領が再選したアメリカ、ウクライナとロシア、ガザとイスラエル……世界中をまさに「対立と分断」の現象が覆っている。

日本も例外ではない。

選挙では、各政党同士が相容れない主張と行動を繰り返し、有力候補者をめぐっては支持派と反対派が驚くほど次元の低い誹謗や中傷合戦を展開するばかりだ。

ある生物学の専門家が、環境の深刻な危機によって人類はレッドリスト（絶滅危惧種）に今や載っていると言ってもいいと語っていた。

そんな待ったなしの状況で、「対立と分断」をやっている暇など本当はないのだ。

自分だけが利を得、勝てばよいという姿勢は、結果的に全体を悪い方向へもっていくだけだ。

お互いがよりよい関係となって共生していくにはどうすればいいのか。

そのことに知恵と情熱をもっと注いでいかないといけないと思う。

「イヤだな」という気持ちになったとき、どうするか

修正力があれば、自分のマイナス感情を消すこともできる。

たとえば、「今日はこの仕事はイヤだな」とか「今日はこの人に会わなくちゃいけないいけど、なんだかイヤだな」というとき、イヤな気持ちのままで出かけていくと、やはりその仕事は失敗するし、人と会ってもいい関係が築けない。

しかし、同じことをする場合でも、「きのうの仕事は楽しかったな」「きのう会った子は素敵だったな」というふうに自分の気持ちを持っていけば、明るい気持ちで臨むことができる。

そうなれば、イヤだと思っていたことがうまく回転して、プラスの結果が得ら

れやすくなる。

「そう思って出かけていっても、実際イヤなことに面と向かうと、『やっぱりイヤだなあ』という気持ちが出てくるのが人情というものでしょう」

そう言う人がいるが、たしかにそのとおり。

いくら楽しいことを考えて明るく出かけていっても、現場のイヤなことが消えてしまうわけではないから、またイヤな気持ちが戻ってきてしまうのは当然だ。

世の中、イヤなことはある。

イヤなことは起こる。

だが、そのイヤなことに執着してしまうと、イヤなことしか起こらない。

そういうとき、私はこう考える。

「イヤだなあ。でも、このイヤな思いが俺のところですむのなら、たいしたことないよ。このイヤな思いが大事な娘や塾生たちのところにいかなくてよかった」

もし、私がそこでイヤな思いをして「イヤだ、イヤだ」とそればかりに執着していたら、そのイヤなことが自分の周りの大切な人たちのところへ行ってしまうし、私がイヤで辛くて苦しい思いをしていると知ったら、娘だって辛い思いをしてしまう。

そうなる前に、私のところでイヤなことを消してきれいな流れにしておけば、私の周囲の人たちは汚れなくてすむ。

これは「海の水をきれいにするためには山をきれいにする」という話と同じだ。海が汚れたとき、「大変だ、海をきれいにしなきゃ」と言って、海の水だけをどうこうしても海はきれいにならない。

海をきれいにするためには、山から海に流れ込む水からきれいにしなければいけない。

山に木を植え、育て、山の土をきれいにして、山から流れる水をきれいにしなければならない。

そして、そこに吹く風までもきれいにしなければいけないのだ。

海をきれいにしたいといって、海だけに執着していては修正できない。

海、山、川、空、全体を見渡してはじめて修正できるのだ。

人間の修正も同じである。

子どもがダメなら大人から直す。

女がダメなら男から直す。

悪いところだけに執着しても直らない。

たとえば、腕のいいマッサージ師は「患部は患部のみにあらず」ということを知っているから、肩が痛い患者がいても、肩だけを揉むということはしない。

体全体のバランスが崩れているから肩が痛くなっているということを察知し、体全体をほぐしていきながら肩の痛みをとっていく。

自分の状況が悪いときは、悪いところだけにこだわっていたら修正はできない。

もっと広い範囲でとらえて全体のバランスを見渡すことができれば、まず先に直さなければいけない箇所が見えてくるはずだ。

「自分で選んだもの」は死守しなければならない

誰でも今の自分が持っているものには2種類ある。

それは「自分自身が選んだもの」と「誰かにもらったもの」のふたつだ。

そのふたつのうちで、大事にしなければいけないのは「自分で選んだもの」だ。

「誰かにもらったもの」は必要であれば持っていればいいし、そうでなければ捨てればいい。

単純な話が、自分で選んだ女房は大事にすること。

それがどんなに悪い妻であっても、自分が選んだ以上、大事にする。

悪妻だと思っても、それは修正力を働かせれば良妻にもできるし、反面教師にもできる。

これはきれいごとを言っているわけではない。

何を隠そう、私の妻も決して良妻とは言えない。

浪費はするし、私に苦労ばかりかけてくれる。

しかし、私は、こうなるとわかって自分で選んだ女性だから、どんなことがあっても大切にする。だから、妻がよくないことをしたときは常に修正してきた。

そのおかげで、4人の子どもはとても素敵に育ってくれたし、何より私たち夫婦は愛し合って暮らしている。

私の場合は、麻雀もそれに当てはまる。

私は麻雀が世間で「悪いもの」と受け取られているのを知っていて麻雀を始め、その道に入った。

けれども、私は麻雀が強くなるために自分を鍛え、修正力をはじめとする強くなるために必要なものを身につけたから、20年間、負けずにすんだ。

それが「雀鬼流」だ。

雀鬼流とは何かと言えば、それは「麻雀から悪いものを省いていこう」と試みた結果、生まれたものだ。

麻雀の中の悪いものと言えば、人をだましたり駆け引きをするなどの政治的な要素と、利便性を追求したり効率化のために人を利用するなどといった経済的な要素である。

そういったものを麻雀から全部捨ててみたらどうなったか。

答えは、「いいもの」しか残らなかったのである。

「悪い」はずの麻雀が、ものの見事に「いいもの」に修正されたのだ。

自分で選んだものは大切にする。

その心があれば、修正力は強くなるはずだ。

自立した人は、他人に目を向ける余裕がある

不況、不況と言われる中、自分のことだけに汲々《きゅうきゅう》として余裕がない人間が増えている。

「人のことなんかにかまっていられない」と、内向きになって、どんどん萎縮して視野が狭くなり、他人に関心がなくなっている。

これでは、どんなに本人はがんばっているつもりでも、状況はよくならない。視野が狭ければ、チャンスも閃きも生まれないからである。これではますますジリ貧になるだけだ。

そこに気づいた人は、次にこう聞いてくる。

「不調や不況のときでも、外に目を向けられるようになるためには、どうすればいいのでしょうか」

けれども、私に言わせれば、それは不調や不況になったから自分のこと以外に目を向けられなくなったのではない。

それは今に始まったことではなく、好調だ好景気だと言っているときから、自分のことしか見ていなかったのだ。

景気がよかったり順調だったりしたときは、みんな元気にがんばっていたかもしれないが、それはすべて自分のためにがんばっていたのであって、誰か他の人のためにではないのだ。

周りがよく見えていたような気がしても、もとから自分のことしか見ていなかったのだ。

この頃、よく「自立」とか「自己責任」という言葉を聞くが、これもまた自分のことだけを考えている人が増えている結果だ。

自立というのは、私の言葉で言えば「準備・実行・後始末」がきちんとできていて、悪いことに抵抗を感じることだ。そうすれば、自分には余裕があるから、余裕がなくて困っている人のことに目がいくはずだ。

そのとき、「俺がよければそれでいい」「どんな手段を使っても、自分の力で儲ければそれでいい」と思っている人は自立した人ではない。

余裕がない人や困っている人に手をさしのべることができる人が、本当に自立している人だ。

今、自分がここで順調に立っていられるのは自分だけの力ではない。

それをわかっていれば、自立できていない人を助けることが本当に自立している人の務めだということに気づくはずだ。「俺は順調だ」と言って、ひとりで喜んでいるうちは自立などしていないのだ。

強い人間というのは、自分が好調だろうが不調だろうが、他人のことが見えているし、他人に手をさしのべることができる。

それは、不調だからといって自分のことに精いっぱいになってしまうと、ますます自分が小さくなることを知っているからだ。

極端な例だが、もし自分が今５００円しか持っていないとする。そのとき、目の前の店先で、見知らぬ子どもが５００円のオモチャが欲しくてたまらないという顔をしている。

そこで、パッと子どもの前に行って、「これが欲しいのか？」と言って買ってあげて、自分は黙って帰る。

そういうことができれば、それだけで救われるはずだ。

もしそこで「きのうまでなら５万円持っていたから５００円のオモチャぐらい俺が買ってやったのに、今は５００円しかないから買えないな」というのでは救いがない。

「あの子、買ってあげたら喜ぶだろうな」と思った瞬間に残りの金をはたく。

それでひとりの子どもの笑顔が見られるならば安いものだ。

５００円をじっと握りしめて「金がないなあ」と言っていても何も生まれない。

そうして人を喜ばせる力があってこそ、はじめて自立と言えるのである。

自信なんか持たなくていい！

「自信を持ちなさい」

最近、ことさらそういう教えが目につく。

親も子どもにそう言うし、本屋に行けば「日本人よ、もっと自信を持て」という大合唱だ。

それだけ、今の日本人は自信を失っているということなのだろう。

勝負においても、自信を持つということは必要だが、往々にしてそれは過信になる。

自信を持って臨めるような準備ができたうえで、自信を持つのは結構なことだが、その準備もないのに、景気づけのように自信を持っているとしたら、それは過信でしかない。

私は道場の生徒たちによく「自信なんか持たなくていいよ」と言っている。

「でも、自信がなければ勝てないでしょう」

そう思う人が多いかもしれないが、自信など、あってもなくても強い者は勝つ。

私が「自信なんか持たなくていい」というのは、「何か自信がないなあ……」という心構えも、「俺は自信がある！」という心構えも、どちらもいらないという意味である。

そもそも「自信」などということは、頭の中になくてもいいのだ。

勝負においては、自信よりもずっと大切なことがある。

それは、「不安をなくす」ということだ。

不安がなければ、その人が勝負に臨む心の状態はよい。

不安がないということは、裏を返せば「自信がある」ということだが、不安さえなければ、あえて「自信がある」などと言わなくてもいいはずだ。

つまり、「自信を持ちたい」ということを目標にしていくのではなく、「不安をなくす」ことを目標にすれば、結果的に自信はつく。

自分の力もよくわからないのに、自信だけ求めるから過信になる。

そんなニセモノの自信はいらないということを私は言っているのである。

では、不安をなくすにはどうすればいいか。

やはり、それには、不安をなくすための準備をしっかりしておくことに尽きる。

常日頃から「準備・実行・後始末」を怠りなくやっていれば、不安なく勝負に臨めるはずである。

根性を否定すると弱くなる

いくらがんばっても勝てなかった野球チームが、根性型の監督を迎えたところ翌年にはリーグ優勝するまで実力をつけたことがあった。

どうやらそれ以前のデータ型の戦い方をやめたらしい。

たしかにデータと思考力だけで勝てるなら、野球は簡単だ。しかし、戦う人間がガッツを失ったら勝てるはずもない。

どんなにデータを集めてミーティングを重ねたとしても、選手のガッツは育てられない。

プロ野球に入るぐらいの選手なのだから、素質は最初から持っている。

そういう相手には、技術や理屈よりも、ガッツを引き出す状況を作ってやることのほうが大切なのだ。

根性のない人間は根がない草花と同じで、まったくダメだと私は思っている。根性論を否定する人は、今風の若者気質に迎合しているだけで、決して強くはなれないのだ。

ただし、ガッツが表に出てきて、勢いで勝っている者は、直線的な動きには強いが、斜めや横、曲線的な動きには弱い。つまり、ちょっとした変化に弱い。

それは柔軟性がないからだ。

こういう人は、勝負師としては非常に壊れやすい。

いいときはいいが、ちょっとつまずくとガタッといくようなモロさがある。

「根性なんてダサい」

そんなふうに、いつの頃からか日本では根性を否定する風潮が出てきた。

たとえば、高校野球などでも「根性野球」は古めかしいものとされ、「楽しく」プレーするのがいいとされるようになった。

他のスポーツの現場でも、「そんな根性論では勝てないよ。科学的なトレーニングをして明るく楽しく強くなろう」というのが主流になった。

根性は、科学と対極にある。つまり、根性は非科学的だというわけである。

しかし、男には根性が必要だ。

根性がないヤツは強くもなれないし、やさしい人間にもなれない。

根性というのは、字のとおり「根っこ」である。

木や草は、この根があるから生きられる。根がなければ、水も栄養も補給することができない。

根が植物の命の根幹であるのと同じように、人間にとって、男にとって、根性というのは生きる根幹なのだ。

根っこは土の中にある。

表に出て見えるものではない。

生きる力を地面の下からしっかりと支えている。

人間の根性も、決して表に出して見せるようなものではない。

不良の連中の言葉の中に「根性を見せる」というのがあるが、根性はそんなふうに他人に見せつけるようなものではない。

自分が強い人間であるために、自分の中にしっかりと根を生やすように根性を持っていればいいのだ。

自分を支えるだけでなく、周りの人間も育てていこう、助けていこうという心もまた根性の中にあるものなのだ。

根性を人に見せようとするから「ダサい」というような言葉が出てくる。

人に見せるのは「花」だが、それは何の役にも立たない。

日本は経済的に豊かになり、文明も世界有数の進歩を遂げた。

そういう中で、若い人たちは根性とか努力ということと無縁でも十分に暮らしていけるようになった。

経済も文明も日本よりずっと遅れている国々の若者たちが、必死で努力して、体と頭と根性を使ったとしても、何もしていない日本の若者の10分の1も食べられない。

そういう背景の中で、根性を否定する日本人は、どんどん生きる力も弱くなり、「強い人間」から離れてしまった。

スポーツで言えば、どんなに優れた科学トレーニングを消化しても、その選手に根性がなければ、そのトレーニングは役に立たない。

自ら強い選手になろうとして科学トレーニングをしようというのなら、強さの支えとなる根性なしには、戦う場所で力を出すことなどできっこないのだ。

スポーツでも他のことでも、根性がダサいのではなく、根性を花のように人に見せることがダサいのだ。

根がないところに木や草が生えないように、根性がないところには強い人間は育たない。

「運がある人」と「ない人」の違い

運がいい人、ツキがある人というのは、いつもニコニコしている。

運が悪い人、ツキがない人というのは、いつもムスッとしている。

これは、運がよくて楽しいからそういう顔をしていて、運が悪くて不幸だからそういう顔をしているのか。

それとも、いつもハッピーで前向きに生きているから運がついてきて、いつも不平不満を言って悲観的に生きているから運に見離されているのか。

長く勝負の裏表、運がある人間とない人間を見てきた私の実感から言えば、明らかに答えは後者であろう。

人は明るく楽しく生きようとしていれば運も向いてくるし、明るく楽しい人生にできる。

反対に、悲観的で他人をうらやんだり恨みながら生きていると運もこないし、暗い人生になってしまう。

楽しければ、それでいいじゃないか——。

そういう人生観を日本人はあまり評価しない。

苦労が多く、悩みが多く、さまざまなものを背負い、難しいことを考えて、難しいことを深刻そうにしゃべる人が高等だと思っているところがある。

私は、どんなにイヤなことがあっても、それを楽しむことで乗り越えてきたし、人を楽しませ、自分も楽しく生きることが人生の意味だと思っている。

しかし、今の日本では、みんな「日本はダメだ」「あいつはダメだ」「私はダメだ」と言うのが流行りのようになっている。

何でもかんでも批判したり、マイナス要素をあげつらって語る人が多くなっている。

これでは、チャンスがきたとき、それに乗っていけない。

巡ってきたチャンスに同化しやすい人というのは、いつも楽しい気分を失わず、自分が生きていることに感謝し、幸せを感じられる人なのだ。

どんな小さなことでもいい。目の前にあることや、自分の置かれた状況を素直に喜べる人には、いつか必ず運が巡ってくる。

人はどうすればハッピーになれるか――。

この、素朴で根源的な問いに対する私の考えはこうだ。

それは、不安を減らすこと。

はじめから「ハッピーはどこ？」「ハッピーは何？」とハッピーを追い求めるからハッピーになることが難しくなる。

ハッピーを損なうような不安を取り除いていけば、そこにはハッピーだけが残る。

自分の不安を消していく努力をすることによって、結果的にハッピーになれるのだ。

これは「自信なんか持たなくていい！」という項のときとまったく同じ考え方だ。もっと自分に自信を持ちたいというとき、「自信が欲しい」「どうすれば自信が持てるか」と、自信そのものを求めるのではなく、不安を消していけば、その結果、自信のある自分がそこに残る。

不安こそが、自信を損ない幸せを損なう最大の要因なのである。

自分の不安とは何か。

自分はいったい何に不安を感じているのか、すべての解決の糸口はそこにあると言っても過言ではない。

お金を求めるとなぜ弱くなるのか

強い人間というのは、必ず「恥の心」を持っている。

かつて、それは日本人の美徳だった。

しかし、今の日本人は「恥」や「心」を忘れて、利口に金さえ稼げば人生の勝者になれるという錯覚を抱いてしまっているようである。

「なんだかんだ言っても、誰だって、お金は欲しいに決まっている」

そういう言葉を聞くたび、「いや、そうじゃない人間だっている」と思う。

麻雀という勝負の世界で生きてきた私にとって、金は切っても切り離せないものだった。

だからこそ、「強くなるためには、お金に近づかない」という鉄則を知ったのである。

お金というのは、私にとって決して大切なものではない。

お金は便利なものだとは思う。

お金があれば、便利なものを手に入れられるし、便利な生活そのものを買うこともできる。

しかし、この「便利」というのが曲者だ。

今の世の中は、飽くことなく便利を追求している社会だが、際限なく便利を求めることによって、逆に大事なものを失っているのだ。

お金でものを買って「これは便利だな」と言っているぶんにはまだいい。

けれども、お金で次々と便利なものを買い求めようとしているうちに、人間と人間の間にも「便利」という概念がどんどん入り込んでしまうのである。

これが厄介なのだ。

人々の価値基準は「あの人とつき合っておくと便利だ」とか「この人を恋人に

すると便利だ」というところに主眼が置かれ、結局、人を判断する基準が「自分にとって利用できる人間か」ということになってしまっている。

人に対して本来抱くべき「大切心」がそこにはない。

そうやって、「この人と結婚すると便利だ」という尺度で相手を選んでおきながら、それを愛だと勘違いしているのだ。

「便利」と「利用」は、本来的な人間の「愛」や「心」からもっとも遠いものだ。

人間と人間のつき合いの中に利害関係が入り込むと、その関係はどんどん愛と離れたものになっていく。

どんなに愛情で結ばれた関係であっても、そこに利害や金がからむと、愛とか人間らしさとか言っていられない状況が増えていく。

もちろん私だってこの社会で生きている以上、お金にも触れなければいけないし、便利なものを使って生活しなければいけないことも多い。

けれども、できる限り、そうしたものと距離を置かなければ、逆に愛や人間らしさから離れてしまう。

だから、私は「便利と利用」の中核をなしている「お金」には近づこうとしない。

お金は間に合う程度あれば、それでいい。

間に合っているのに「もっと、もっと」と思うから心がなくなる。

際限のない欲望のままに、いつもお金を追い求めているような人間が強くなれるわけがないのだ。

花ばかり求めていては強くなれない!

「日本は変わらなければいけない」と、みんなが騒いでいる。

政治も経済も、組織も人も「変わらなきゃ」と合唱している。

日本経済が上昇を続けていた時代の価値観はもう通用しないから、トップも末端も変わらなければいけないのだと言う。

しかし、そんなに騒いでいるわりには一向に変われないのはなぜだろう。

それは「変わろう」とする前に、「なぜ、今、こうなってしまったのか」ということに、まだ気がついていないからだ。

なぜこうなってしまったのか。それはひと言で言えば、今までずっと幻想を追いかけてきたからだ。

今まで日本をリードしてきた政治や経済のリーダーたちが言ってきたことも、やはり幻想の類でしかない。

リーダーたちは幻想を抱いている人たちの上に乗っかって、幻想を高々と謳《うた》い上げ、言っているほうも聞いているほうもそれで満足していたのだ。

みんなして幻想をつくり上げていたから、それがあたかも実在しているかのごとく錯覚していたわけだ。

では、どうしてそんなことになってしまったのか。

それは、みんなが「花」を求めすぎたからである。

花は美しい。だが、花もまた幻想でしかない。

たとえば、テレビをつければ花があふれている。

歌手もタレントも花のある人ばかり出ている。また、おしゃれな店や家の庭にも、きれいな花が飾られている。それを見て「わあ、きれい」と、みんな喜んでいる。

花は人々の心を明るくしてくれる。「花は、いいね」と誰もが言う。

しかし、花は実質的には役に立たないのだ。

どんなに人目を引こうが、それをどんなにうっとりして見ようが、ただそれだけ。そのあとには何も残らない。

じゃあ、役に立つのは何かと言えば、それは「実」である。あるいは「葉」である。

自然の中に木が生えている。

小さな実がなると、それを小鳥が食べる。大きな実がなると、それを動物が食べる。鳥や動物が糞をすると、それが土の栄養となる。

葉もまた土に還って養分となる。そうやって循環して生命の源となるのが、実であり葉なのである。

ところが、人々はパーッと咲く花に目を奪われ、心を奪われる。

桜の木に花が咲けば、花見と称して浮かれて騒ぐ。実や葉を見ずに、花という名の幻想ばかり追い求めるのだ。

しっかりと実も葉もあって、そこに花があるならまだいい。

たとえば、同じ芸能界でもロンドンやブロードウェイの演劇ならば、あの華やかな舞台に立つためには、実や葉をしっかりつけなければいけない。それがなければ舞台のそばにさえ近づけない。

ところが、日本では親しみやすいアイドルのような、花だけの存在をパッと舞台に上げ、それにみんなが大喜びする。

ブランド品も同じく花である。人は、それが自分に本当に必要か、似合っているか、本当にいいものか、といった実や葉の話を抜きにして、ブランドという花をパッと買ってきて身にまとい、華やいだ気分に浸っている。

暴走族も、花を求めるから暴走族になる。

たとえドロップアウトした不良でも、実を求めている子は決して暴走族にはならない。花を求めるから、改造車を飾りたてて徒党を組み、わざわざ人目を引くような暴走行為に走るのだ。

バブルの頃、得意になって世界経済を語っていたエコノミストや、時代の寵児《ちょうじ》ともてはやされながらニュービジネスと財テクに手を染めていた連中も花だった。

これこそ、かつて日本の目標や指針や未来を語っていた人たちがどこにもいなくなったことの実相だ。

政治にしても花ばかりである。

話題性のある人を芸能界やスポーツ界、民間から引っ張ってきて、票のとれる花に仕立てる。彼らのどこに実と葉があるのか。

そもそも、政治は選挙で成り立っているから、票のとれそうな人間、つまり花が横行する。

政治家たちは、本当に改革をするのかどうかという実の話よりも、花がどれだけ利用価値があるかどうかだけを考えて政治を動かしている。

日本人が本当に日本を変えたいと思うなら、花で政治や選挙を左右するのをやめて、実と葉を求めなければいけない。

花のある教育や行政ではなく、実と葉のある教育や行政をつくろうとしなければいけないのだ。

「こんなに自信をなくしてしまった日本人は、これから先、どうすればいいと思いますか」

ただの麻雀打ちでしかない私に、知識人と呼ばれる人たちが聞いてくる。

「なんともおかしな時代になってしまったな」と小首をかしげながらも、私はまず最初にこう答える。

花ばかり求めるのをやめて、実と葉を求めていくしかない、と。

花ばかり求めていると、人はたとえ成功しようが失敗しようが等しく自信が持てない。

いつまでたっても自信が持てない。

それは、自分自身を振り返ったときにどこにも実も葉もないからである。

みんな花がある人間になることを出世や成功だと思っている。

「ひと花咲かせてやるぞ」と意気込んでいる。

しかし、それは違う。

「実を咲かせよう」と思い直すべきなのだ。

勝負に負けても、おもしろく生きることには負けたくない

出版やテレビなどのメディアは、私のことを「20年間無敗の雀鬼」と紹介をする。そんな称号は通りがいいのだろう。

だが私自身は実はうれしくもなんともない。

むしろ、恥ずかしさを感じることすらある。

それは勝つことの本質が、世間で思われているほど上等なものではないと知っているからである。

勝ちの反対側には必ず負けがある。つまり自分が勝つことは相手から勝ちを奪うことである。相手が勝つことで得るさまざまなものを奪うことである。ゆえに

勝つことはどこか罪深い。

もちろん、人生においては勝ったほうがいいときや、勝たなくてはいけないときもある。だが、勝つことに常にこだわっていると大きなものを失いかねない。

何かを得ればその裏側で必ず失うものがあるのが、人生の常だからだ。

勝負で勝つためには、あるいは仕事で成功するために懸命な努力をするには、他の何かを必ず犠牲にしなくてはならない。

それはありえたかもしれない可能性だったり、他人の労力や時間だったりする。

私が麻雀の代打ちを引退して雀鬼会の道場を始めたのは、勝ち続けてきたことへの罪滅ぼしでもあった。

道場で日々、若者たちに麻雀を通して実践哲学を教えることで、罪障《ざいしょう》のひとつひとつが消えてくれるような思いがあったのだ。

勝ちを譲ることは徳となる。だから負けが込んだと思うようなときでも悲観することはない。そのぶん、徳を積んでいると思えばいいのだ。

何でも勝ったほうがいいという発想は、本当にそれでいいのか、今一度立ち止まって考えたほうがいい。相撲で言えば、15戦して7勝8敗くらいの人生が本当はちょうどいいのかもしれない。

麻雀の勝負で勝ち続けてきたことは今の私にとって何ら誇りでも何でもないが、唯一勝って誇らしいと思えるものがある。

それは生きることをおもしろくし楽しむことにおいては誰にも負けていない、ということだ。

それだけは自信があるし、生きていくうえで何よりも大切なことだと思っている。

人生を本当に豊かなものにするのは、楽しさやおもしろさにかける勝負なのだ。もし多くの人がそのような感覚を持てば、世の中はきっとよくなるだろう。無数の命をかけ相手と残酷な奪い合いをする戦争なども減るに違いない。

勝負というものをそのような次元でとらえることができれば、その人は間違いなく幸せである。

「勝負強さ」への答えは身近なところにある

カリブ海に面したメキシコのカンクンというところが好きで、道場を主宰していたときも私はしばしば出かけていた。そこでサメに出会い、エイとたわむれ、海と自然に触れて、自然に力をもらって帰ってくる。

こういうことができたのも、当時、道場生たちが私の留守をしっかり守ってくれていたからだ。

今でもそうだが、私は道場の子たちにとても感謝している。

私が、こういう本を書いたり、講演に出向いて何かをしゃべったりすることができるのは、この子たちと接しているおかげなのだ。

私はたしかに勝負の世界にかつて身を置き、それなりの戦績を上げてはきた。そのときは自分が強くあるためにはどうすればよいかを自分なりに考え、実践はしていたものの、それを誰かに伝えようとか教えようなどとは思ったこともなかった。

ましてやその体験を人に伝えるための言葉に転化させようとも思わなかった。ところが、道場を主宰して多くの若者たちと接するようになると、そういう言葉がなければコミュニケーションも円滑にいかないし、何かを教えることもできないと知った。

そういう出会いがあったから、彼らの存在があったから、私は自分の考えや言葉を再構築することができたのだ。

「なぜ、この子は弱いんだろう」

「なぜ、この子は手順を外してしまうのだろう」

「この子はいったい、何を恐れて、こういうことをするのだろう」

彼らとの触れ合いの中で、私はいつもそういうことを感じさせられた。

そして、彼らを少しでも強い人間にしてあげたい、彼らを少しでも多く楽しませてあげたい。

そう考えると、私の体験や「気づき」を通して導き出されたものを、彼らにわかりやすい言葉にして伝えていかなければならない。

そういう中から出てきたものが、雀鬼流の言葉のひとつひとつだと言ってもいい。

同時に、勝負の世界から身を引いた私が常に自分を律していられるのは、彼らの存在があるからでもある。

勝負の世界を引退した私は、いわばご隠居さんである。

ご隠居さんなら、もう「強い人間であろう」と思い続けたり、勝負論や人生論を問い続けたりすることもなく、のんびり気ままに暮らしていても誰にも怒られないだろう。

しかし、私から何かを学ぼうとしている若者たちがたくさんいる以上、私自身が強い人間であらねばならない。偉そうに「雀鬼流」などと言って、能書きだけをたれていても、誰もついてこないだろう。

言葉だけでなく、私自身がそれを実践して生きている姿を彼らが見ればこそ、彼らも何かを学んでいくのである。

カンクンから帰ってきた日、空港から真っ直ぐに道場へ向かうのが流れだった。10数時間も飛行機に乗り、時差ボケのうえ、下痢と発熱で体はだるいのだが、彼らが私の帰りを待っていてくれていた。

「ただいま」

「お帰りなさい」

という会話もそこそこに、

「お願いします」

と言われて、彼らと麻雀をする。

旅疲れで頭が朦朧《もうろう》としているうえに、メガネを忘れて牌が満足に見えない。

それでも、待っていてくれた彼らを相手にそんなことは言っていられないし、それを言い訳にいいかげんな麻雀を打つわけにはいかない。

すると、何重苦も背負って最悪に近い体調の中で、20連勝、30連勝……、いくらやっても勝ってしまう。

もちろん、塾生たちを相手に勝ち続けて喜んでいるわけではない。

これは、障害が多ければ多いほど、一生懸命にやろうとするから、余計に勝ってしまうということなのだ。

肉体的には不調でも、自然の中で心身を洗われて帰ってきているから感性は鋭くなっている。

目は見えなくても、苦痛が多くても、いや、それだからこそ余計にさえている状態なのである。

こういう私の状態を目の当たりにすると、道場の子たちは「自然界に力をもらう」とか「不調こそ本当の自分なり」という日頃の私の言葉を実感することになるわけだ。

オヤジ不在の世の中――。

指導者不在の社会――。

それこそがこの世の病の原因であり、日本人が立ち往生している原因だと私は思っている。

だからこそ私は、少なくともオヤジでありたい。

日本にオヤジがいなくなってしまった以上、私のところへやってくる子たちのオヤジに私がならなければ、彼らは迷いと病の中にまぎれ込んでしまう。

彼らに向けて、

「強いというのはどういうことか」

「強い人間になるためにはどうすればいいのか」

を示し続けること。

それが私にできる「オヤジの仕事」のもっとも大切なことなのだ。

それは、桜井の話を聞きたいと言って私に会いにきてくれる人たちや、桜井の本を読みたいと思ってくれる人たちに対しても同じ思いがある。

なぜ人々は迷っているのか。

なぜみんな「強くなるにはこうすればいい」「いい結果を生む勝負はこうすれ

ばいい」という鉄則と反対のことばかりするのか。

それに気づいてほしいのだ。

そして、その答えも実践方法も、実はこの本の中に書いてきたように、身近なところにあるということを知ってほしいと思っている。

本書は、小社より刊行した『「勝負強い人間」になる52ヶ条』を、加筆、改筆したものです。

知的生きかた文庫

「勝《しょう》負《ぶ》強《づよ》い人間《にんげん》」になる52ヶ条《じょう》

著　者　桜井章一（さくらい・しょういち）
発行者　押鐘太陽
発行所　株式会社三笠書房
〒102-0072　東京都千代田区飯田橋3-3-1
https://www.mikasashobo.co.jp
印　刷　誠宏印刷
製　本　若林製本工場

ISBN978-4-8379-8906-6 C0130

本書へのご意見やご感想、お問い合わせは、QR コード、
または下記 URL より弊社公式ウェブサイトまでお寄せください。
https://www.mikasashobo.co.jp/c/inquiry/index.html

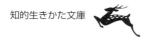

知的生きかた文庫

人に勝ち、自分に克つ
強靱な精神力を鍛える
武士道

新渡戸稲造
奈良本辰也【訳・解説】

日本人の精神の基盤は武士道にあり。武士は何を学び、どう己を磨いたか。本書は、強靱な精神力を生んだ武士道の本質を見事に解き明かす。

仕事も人間関係もうまくいく放っておく力

枡野俊明

いちいち気にしない。反応しない。関わらない——。わずらわしいことを最小限に抑えて、人生をより楽しく、快適に、健やかに生きるための、99のヒント。

心配事の9割は起こらない

枡野俊明

余計な悩みを抱えないように、他人の価値観に振り回されないように、無駄なものをそぎ落として、限りなくシンプルに生きる——禅が教えてくれる、48のこと。

人生うまくいく人の感情リセット術

樺沢紫苑

この1冊で、世の中の「悩みの9割」が解決できる！　大人気の精神科医が教える、心がみるみる前向きになり、一瞬で「気持ち」を変えられる法。

気にしない練習

名取芳彦

「気にしない人」になるには、ちょっとした練習が必要。仏教的な視点から、うつうつ、イライラ、クヨクヨを〝放念する〟心のトレーニング法を紹介します。

C50502